골프 라운딩에서 배우는 비즈니스 성공 전략
비즈니스 골프

Business-To-Business GOLF

Copyright ⓒ 2002 by Michael A. Smith
Published in 2002 under license from Michael A. Smith

The Korean Edition was published by arrangement with Michael A. Smith
through PubHub Literary Agency.

이 책의 한국어판 저작권은 PubHub 에이전시를 통한
저작권자와의 독점계약으로 인북스에 있습니다.
저작권법에 의해 한국 내에서 보호를 받는 저작물이므로
무단 전재와 무단 복제를 금합니다.

골프 라운딩에서 배우는 비즈니스 성공 전략

비즈니스 골프
BUSINESS·TO·BUSINESS GOLF

마이클 앤드류 스미스 지음 | 한정은 옮김

인북스

옮긴이 한정은
한국외국어대학교 통역번역대학원 졸업
국제회의 통역사로 일하며 동 대학원 박사과정 재학중이다.
옮긴 책으로는 《퍼팅 바이블》, 《스윙 바이블》, 《CEO의 12가지 버전》
등이 있다.

비즈니스 골프
(Business-To-Business GOLF)

2002년 11월 5일 초판 1쇄 인쇄
2002년 11월 10일 초판 1쇄 발행

지은이/마이클 앤드류 스미스
옮긴이/한정은
펴낸이/김종현
펴낸곳/인북스

서울 마포구 도화동 36 고려아카데미텔Ⅱ 928호
전화/ 02)703-7408 팩스/ 02)6732-7400
http://www.inbooksmedia.co.kr
등록/1999. 4. 21 제10-1742호

파본이나 잘못된 책은 바꾸어 드립니다.
ISBN 89-89449-11-1 03320

값 9,000원

이 책의 공급처는 **한국출판유통주식회사**입니다.
전화 031) 945-2900

책 머리에

골프와 비즈니스는 서로 많은 관련이 있다. 둘 다 재미있고 다분히 경쟁적이며 그리고 더 많이 알고 싶은 끊임없는 욕구를 느끼게 한다. 무엇보다도 큰 공통점은 이들을 향상시킬 수 있는 방법이 있다는 점이다.

내가 처음으로 골프 클럽을 잡은 것은 12살 때였다. 여러 차례의 교습을 거친 후 라운딩을 즐길 수 있었다. 운이 좋게도 나는 고등학교와 대학교 시절, 골프 팀에서 활동하는 행운을 얻었다. 학교를 졸업한 후 아마추어 대회에 여러 번 출전하기도 했는데, 이를 통해 골프에 대한 흥미를 계속 유지할 수 있었다. 하지만 그 후 상당한 시간이 지나서야 나는 골프가 정말로 평생 동안 할 수 있는 스포츠라는 사실을 깨닫게 되었다. 골프는 마음을 사로잡아 열중하게 만들며, 시간이 많이 소요될 뿐 아니라 또한 경쟁심을 자극한다. 그리고 원만한 대인관계를 요구한다는 점에서 비즈니스와 매우 흡사하다.

나는 오랜 시간의 교육과 끊임없는 경험을 통해 마치 차근차근 경력을 쌓아가듯 골프를 배워 왔다. 20년 동안 제조업체에서 근무하였으며, 그 후 금융분야(보험과 은행)에서 8년 동안 일했다. 현재는 경영 컨설턴트가 나의 직업이다. 이 과정에서 나는 여러 종류의 고객들과 다양한 상황을 경험했으며, 그때마다 한 가지씩 교훈을 얻었다.

사업을 하다 보면 고객을 골프에 초대하기도 하고, 예비 고객이나 혹은 장차 비즈니스를 의뢰하게 될 여러 사람들과 골프를 하게 된다. 사업에 관한 많은 이야기들이 필드에서 오가지만, 또한 골프를 하는 과정에서 그 사람의 성격적인 장점과 단점을 모두 보게 되기도 한다. 단 몇 홀을 같이 돌아보는 것만으로도 상대에 대해 호감을 느끼기도 하고 정반대의 인상을 받게 되기도 한다. 나의 비즈니스 골프를 예로 들면, 고객과 장기적인 관계를 유지하고 유대를 돈독히 하려는 생각에서 고객을 나의 클럽에 초대하곤 했다. 처음에는 예의 바르게 행동하기 위해 무척 주의를 기울였다. 심지어는 상대의 기분을 맞추기 위해 적당히 져주어야 한다고도 생각했다. 핸디캡이 낮아진 후에도 고객을 이기고 싶은 생각이 없었다. 그래서 나는 약간의 꾀를 내기도 했다. 하지만 내가 최선을 다해 플레이를 하고 있는지 고객이 가끔 물어 오는 경우가 있었다. 결국 나는 평상시처럼 게임을 해야 된다는 사실을 알게 되었다. 내가 고객보다 더 나은 플레이를 한다고 해서 비즈니스에 영향을 미치지는 않을 테니까 말이다.

플레이가 약간 엉성해지기 시작한 이후부터 그런 사실을 깨닫게 되었다. 그때부터 나는 게임에 초점을 맞추었다. 세일즈라는 생각을 머리에서 지워 버리고 고객과 즐거운 시간을 보내기 위해 노력했다. 최선을 다해 스윙을 했다. 상대가 나보다 스코어가 좋으면 도움을 청하기도 했지만, 무엇보다 중요한 것은 '느긋하게 골프를 즐길 것' 이었다.

나는 필드에 나가기를 좋아한다. 골프를 너무나 좋아한 나머지 여러 골프 모임에 참가하기도 하고, 주니어 골프 프로그램 같은 토너먼트와 이벤트에 참석하기도 한다. 내게 있어 골프는 개인적인 만족일 뿐 아니라, 일로 인한 스트레스와 심리적인 부담으로부터 벗어나는 시간이다. 그리고 나의 고객이 될지도 모를 여러 종류의 사람들과 친분을 쌓는 방편이기도 하다. 나는 이것을 '골프십'이라고 생각한다. 비즈니스 골프를 하는 동안 필드에서는 갖가지 화제가 오간다. 함께 플레이를 하는 상대가 고객이건 앞으로 고객이 될 사람이건, 혹은 아주 가끔씩 함께 필드에 나가는 사이이건 그런 것은 중요하지 않다.

중요한 것은 비즈니스 골프를 하는 동안 자신의 역할을 분명히 이해하는 것이다. 어떤 말을 해야 하고 어떤 말을 해서는 안 되는지, 주어진 상황 속에서 어떻게 행동하는 것이 에티켓에 맞는지, 골프 규칙에 관해 얼마나 알고 있어야 하는지, 비즈니스 골프를 위해 얼마나 준비해야 하는지, 이번 골프 라운드로 인해 계약을 성사시킬 가능성이 얼마나 커졌는지에 대해 분명하게 정리되어 있어야 한다.

많은 기업들이 골프클럽에 가입하는 등 비즈니스 골프에 상당한 자금을 투자한다. 하지만 기업가, 경영 책임자, 영업 담당자, 제품 디자이너, 회계 책임자, 개발 담당자를 막론하고 너무나 많은 사람들이 비즈니스 골프를 배우기 위한 노력을 경시하거나 아예 간과하고 있는 듯하다. 자신의 역할을 인지하고 그 일에 대해 좋은 성과를 예감하며, 함께 일에 관해 논의하는 상대방을 이해하기만 한다면, 그 속에서 무한한 잠재력을 발견할 수 있게 된다. 하지만 이때 고객으로 하여금 당신이 가진 지식이나 계약에 대한 부담을 느끼지 않도록 하는 것이 중요하다. 인내심을 가지고 상대방의 이야기에 귀를 기울이고 질문을 해야 한다. 이런 노력들을 기울여야 훗날 많은 계약을 성공적으로 이끌어 낼 수 있는 좋은 관계를 다질 수 있게 된다. 그리고 라운딩을 하는 동안 즐거움도 함께 맛보게 될 것이다.

비즈니스 골프의 원칙, 에티켓 그리고 규칙들을 배우고 이해함으로써 멋진 골퍼가 될 수 있을 뿐 아니라 새로운 인간관계를 만들 수 있게 된다. 이것이 바로 내가 원하는 결과이다. 하지만 이를 위해서 시간, 인내 그리고 연습이 필요하며 여러 가지 과정을 거쳐야 한다. 이 책에 나오는 내용들이 당신으로 하여금 필드에서 최대한 성공을 거둘 수 있도록 도와줄 것이다. 하지만 이것이 전부는 아니다.

　비즈니스에 종사하는 사람은 대개 다양한 관심과 취향을 가지고 있다. 비즈니스 골프에서 어떤 얘기가 오갈지 아무도 모른다. 비즈니스 골프에서 화제가 될 만한 주제들 가운데 열 여덟 가지를 선정하여 이 책에 실었다. 어려운 이야기를 장황하게 늘어놓거나 각각의 주제에 대해 시시콜콜한 내용을 다루고 싶은 생각은 없다. 그저 당신으로 하여금 생각해 볼 수 있는 기회를 주고 싶을 뿐이다. 그리하여 실제로 행동에 옮기도록 만드는 자극제가 되었으면 한다. 생각하고 그 생각을 행동으로 옮기시기를! 이를 통해 자유롭고 창조적인 시간을 만들며, 더 나아가 고객을 즐겁게 하고 더욱 많은 기회를 발견할 수 있게 될 것이다. 물론 당신의 골프 실력도 향상시킬 수 있다.

　이 책은 비즈니스와 골프 경험에 관한 개인적인 반추이자 어떻게 하면 이 둘을 흥미롭게 연결시킬 수 있을 것인가를 설명하고 있다. 일단 시작해 보자. 성공적인 비즈니스를 향해 멋지게 스윙할 수 있는지 자신을 지켜보자. 비즈니스 골프를 즐기자!

 이 책의 구성

　이 책은 열 여덟 개의 장으로 나누어져 있으며, 각 장은 홀에서 출발하여 특정한 비즈니스 골프 상황으로 이어진다. 각각의 홀을 돌고 난 후 당신의 스코어를 받게 된다. 마지막 장에 스코어를 기록할 수 있는 카드를 첨부해 두었다(p.188)

　스코어를 확인한 다음 곧바로 관련된 비즈니스 주제에 관한 내용이 나오는데, 이것은 각 장의 제목과 관련이 있다. 이어서 나오는 Tips(조언)은 특정한 비즈니스 주제에 관한 정보를 담고 있다. 이를 통해 성공적인 비즈니스를 위한 좋은 아이디어를 얻을 수 있을 것이다. 당신으로 하여금 비즈니스 골프를 더욱 자유롭게 즐길 수 있도록 해줄 것이다.

　페이지를 한 장씩 넘기며 홀을 돌 때, 정확하게 있는 그대로 자신의 스코어를 기록해야 한다. 또한 사업적인 정보가 될 만한 내용들을 기록해 두어야 한다. 비즈니스 골프를 제대로 할 수 있도록 돕고 가치 있는 조언을 하는 것이 바로 이 책의 목적이기 때문이다.

Contents

책 머리에
이 책의 구성

1. 꿈을 추구하라 15
   큰 그림에 초점을 맞춰라

2. 완벽한 준비를 갖추어라 25
   무엇이 자신에게 유익한지 어떻게 알 수 있는가

3. 마땅히 있어야 할 곳을 찾아라 35
   장소…장소…장소…

4. 입지를 강화하라 43
   자신의 강점·약점 파악하기

5. 사람이 생산성이다 53
   능력에 맞게 행동하라

6. 기회를 잡아라 65
   커뮤니케이션이 열쇠다

7. 예상하지 못하는 것을 예상하라 79
   더 이상 놀랄 일은 없다

8. 가진 것을 충분히 활용하라 89
   추측은 금물이다

9. 창조적인 사람이 되라 99
   고정관념을 던져 버려라

10. 제발 기록하는 습관을 들여라 107
    종이 없는 사회라니…

11. 자원을 최대한 활용하라 ················· 115
   올바른 도움을 구하라

12. 조직의 문제를 명확히 파악하라 ········· 123
   비즈니스로부터 최대한 얻어 내라

13. 최고를 지향하라 ······················· 131
   핵심 고객을 겨냥하라

14. 경쟁으로부터 힘을 얻어라 ··············· 139
   다른 사람들을 주목하라

15. 지도를 만들어라 ······················· 147
   자신이 원하는 곳에 어떻게 도달할 것인가

16. 경영 승계 계획을 세워라 ··············· 155
   회사의 미래를 위한 마스터플랜을 세워라

17. 세상과 링크하라 ······················· 163
   인터넷을 최대한 활용하라

18. 비즈니스와 비즈니스 골프 ··············· 175
   거래 성사!

19. 스코어 ······························· 189

부록
   주요 토픽 돌아보기 • 191
   용어 해설 • 196
   중요 골프 규칙 • 199

Point 1

꿈을 추구하라
—큰 그림에 초점을 맞춰라

 1번 홀

   상당한 노력 끝에 마침내 중요한 고객으로부터 골프 초대에 응하겠다는 승낙을 얻어 냈다. 게임이 시작된 것이다. 당신과 고객은 첫 번째 샷을 멋진 드라이브로 출발한다. 당신은 러프에서 핀에 이르는 20피트 거리의 짧은 피치샷으로 세 번째 스트로크를 시도한다. 멋지게 파를 이끌어 낸다. 초기의 불안감을 털어 버렸기 때문에 두 번째

홀에 대한 기대로 들떠 있다. 그리고 마음속으로 비즈니스에 대한 이야기를 하고 싶어 조바심 내고 있다. 머릿속은 온통 이번 세일즈를 성공시켜야 한다는 생각으로 가득하다.

자, 당신이라면 여기에서 일에 대해 이야기하겠는가?

A. 못할 이유가 어디 있는가? 이번 골프 라운드가 실제로 비즈니스 때문이라는 사실을 두 사람 다 잘 알고 있지 않은가.
B. 고객이 먼저 이야기하도록 한다.
C. 한두 홀을 돌 때까지 기다렸다가 이야기를 시작한다.

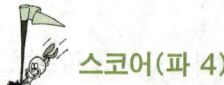
스코어(파 4)

5 : A는 보기를 범한 것이다. 골프를 하는 이유에 대해 두 사람 다 잘 알고 있으며, 따라서 자연스럽게 놔두면 된다. 굳이 말하지 않더라도 고객은 골프에 초대받은 이유에 대해 의식하고 있다. 이 사실을 명심하기 바란다. 고객

이 전혀 관심이 없었다면 처음부터 초대에 응하지 않았을 것이다. 골프는 시간이 필요한 게임이다. 성급하게 물건을 팔려고 덤벼서는 안 된다. 고객이 먼저 이야기를 꺼내도록 해야 한다.

3 : B는 버디를 잡은 것이다. 분명한 일을 두고 서두를 이유가 어디 있는가? 부담스러워할 필요가 있을까? 당신이 말을 꺼내고 싶어하는 화제에 고객이 관심을 가져 주기를 바라겠지만, 그 시점이 1번 홀이 아니라 8번 홀 혹은 16번 홀이 될 수도 있다. 아무렴 어떻겠는가? 아직 시간은 넉넉하다. 19홀이 남아 있다. 마주 앉아서 식사를 할 때, 혹은 라운드를 끝마친 다음이 이야기를 꺼내기에 가장 좋은 시점이 될 수도 있다. 하지만 가만히 앉아서 기다리기만 해서는 안 된다. 다시 만날 약속까지 이끌어 낼 수 있어야 한다.

4 : C는 파를 기록한 것이다. 고객이 먼저 일에 관해 이야기하도록 하는 것이 가장 좋다. 왜 당신이 먼저 이야기를 시작하면 안 될까? 생각해 보라. 당신이 만약 고객이

라면 어떻게 생각하겠는가? 이제 겨우 첫 홀을 돌았을 뿐이다. 그러니 기분을 가볍게 하고 장사 이야기는 뒤로 미루어 두라. 참을성을 가지고 세일즈맨 같은 태도는 벗어던져라. 고객으로 하여금 즐겁게 대화할 수 있도록 하라. 대화를 열어갈 수 있는 느긋한 분위기를 만들어야 한다. 고객은 골프를 즐기기 위해 이 자리에 왔다. 그리고 자신이 그곳에 있는 이유가 비즈니스 때문이라는 사실을 이미 알고 있다.

큰 그림에 초점을 맞춰라

1980년 미국의 새 대통령이 취임하면서 정가의 분위기가 눈에 띄게 바뀔 무렵, 마흔 살의 잭 니클라우스는 US오픈과 PGA챔피언십을 휩쓸었다.

같은 해 뉴욕에서 나는 금융 분야(대부분 보험, 은행 분야였다)에서 8년 동안 근무하다가 제조업 분야에서 동업자들과 사업을 시작했다. 통신 장비를 생산하는 회사였다.

자신의 사업을 경영하고 싶은 꿈을 가진 세 사람이 뉴욕에서 사업을 시작한 것이다. 자신들의 비즈니스 경험과

첨단 기술 분야를 연결시키려는 구상을 갖고 있었다. 고객이 필요로 하는 제품을 생산하기 위해 필요한 기계와 장비를 구입해야 했다. 자금이 충분하지 못했기 때문에 몇몇 친구들로부터 도움을 받았다. 하지만 판매부진으로 인해 겨우 일 년 만에 좌절에 부딪쳤다.

이런 좌절에도 불구하고 세 사람 가운데 누구도 자기 회사를 차리겠다는 의지가 흔들린 사람은 없었다. 우리는 최대한 저축을 했으며 실패로부터 교훈을 얻었다. 그리고 다른 사업을 해보겠다는 신념을 굳혀 갔다. 얼마 지나지 않아 마침내 꿈을 이루었다.

이번에는 상당한 노력을 요하는 사업이었다. 2년이 지나면서 사업의 규모가 커지기 시작했다. 사업에 전력투구하기 위해 낮에 하던 아르바이트를 마침내 그만두어야 했다.

대개 그렇듯이 여러 차례의 성공과 좌절을 거듭한 끝에 매출이 늘어나기 시작했다. 몇 년이 지나자 자격을 갖춘 책임감 있고 성실한 직원을 채용하는 것이 중요한 일이 되었다. 자신의 사업을 성공적으로 이끌어 가겠다는 세 사람의 꿈이 마침내 현실이 된 것이다. 하지만 그때 우리는 중요한 사실 하나를 간과하고 있었다. 골프의 중요성이었다.

회사의 회계를 담당한 회계사로부터 골프를 함께 하자는 제안을 받게 되었다. 조금 한가하게 쉬기도 하면서 다른 사람들과 어쩌면 사업 얘기도 할 수 있지 않겠느냐는 것이었다. 비즈니스와 골프. 재미있기는 하겠지만 제대로 될 것인가? 우리 가운데 한 친구는 몇 차례 골프 교습을 받은 후 생전 처음 필드에 나가기도 했다. 하지만 사업과 마찬가지로 골프도 분명 힘겨운 도전이었다.

그런데 괜찮았다. 골프 클럽에 가입하고 다른 사람들과 골프를 하면서 유쾌한 경험도 할 수 있었고 그 반대의 경우도 있었다. 골프 실력을 높이고 이해하기까지 상당한 시간이 걸렸다. 그것은 사업을 시작하는 것과 비슷했다.

TIPS 대부분의 사업은 존재 이유와 목표를 말해 줄 분명한 꿈 혹은 방향을 가지고 있다. 당신은 사업의 이유와 목표를 명확하게 이야기할 수 있는가? 다음은 사업의 이유를 확립하거나 재검토할 것을 제안하는 내용이다.

- 회사의 사명 — 이를 위해 많은 자금을 들이거나 컨설팅 회사에 의뢰할 필요는 없다. 당신이 직접 하면 된다. 실현 가능한 전체적인 전략을 정하라. "GLF사는 하드웨어를 생산하며, 하드웨어 분야에서 시장점유율을 높이고 시장에서 최고 품질의 제품을 생산하는 회사이다"하는 것이 그 예이다.

- 단순하게 가시화하라 — 최고 관리자층은 회사의 색깔과 방향을 분명히 설정해야 한다. 명확한 비전과 세부적이면서도 이해하기 쉬운 현실적인 도전 목표를 세우는 것이 중요하다. 제너럴 일렉트릭사의 잭 웰치 회장은 이 분야의 귀재였다. 회사의 규모가 큼에도 불구하고 그는 분명하고 단순한 메시지를 통해 직원들로부터 뛰어난 성과를 이끌어 냈다. 말이 많아지면 그만큼 혼란을 야기한다. 말을 줄여라! 그러면 신속하고 효과적으로 결정할 수 있게 된다.

● **자신감을 불어넣어라** — 직원들이 회사의 방향과 목표를 명확하게 이해한 다음, 리더십 구조를 분명하고 단순하게 유지함으로써 직원들의 자신감을 고무시킨다. 창조적인 업무 환경을 확립하라. 실제적이고 실현가능한 가시적 목표를 설정해야 한다. 그리고 이와 관련한 목표 기한을 설정하라. 회사가 정한 목표 내에서 일을 더욱 효과적으로 할 수 있는 방법을 찾아내도록 직원들을 격려한다.

● **큰 그림에 초점을 맞춰라** — 일상의 업무에 지나치게 치중하는 경우를 흔히 보게 된다. 한 걸음 뒤로 물러나라. 자신의 계획표를 다시 살펴보라. 직원들과 대화하라. 주요 고객에게 초점을 맞추고 그들이 왜 당신과 관계를 유지하는지 이유를 생각해 보라. 업무를 찬찬히 검토한 후 회사가 어느 정도까지 힘을 극대화할 수 있는지 산출하라.

SUMMARY

언제든 비즈니스 골프를 하기 위한 시간을 낼 수 있도록 전체적인 목표와 방향을 다시 검토해야 한다. 사업의 발전을 위해 기존 고객과 잠재 고객 가운데 어느 쪽에 초점을 맞출 것인가? 새로운 만남, 새로운 관계 그리고 새로운 기회로 귀결될 수 있을 것인가? 비즈니스 골프에 능숙해지기까지 시간이 얼마나 걸릴까?

Point 2

완벽한 준비를 갖추어라
―무엇이 자신에게 유익한지 어떻게 알 수 있는가

 2번 홀

당신은 2주 전에 골프 장비를 새로 구입했다. 이렇게 투자한 것은 바로 두 번째 홀을 위해서였다. 이 홀에서 자주 플레이를 했지만 공이 러프에 들어가는 경우가 많았기 때문이다. 오늘은 시작하기 전에 새로 구입한 장비를 가지고 드라이빙 레인지에서 상당 시간 연습을 했다. 이런 노력에도 불구하고 티 샷이 그린에서 40야드 떨어진 깊은

러프에 떨어지고 말았다. 당신은 미리 이런 경우의 트러블 샷을 연습하지 않았다는 사실에 짜증이 난다. 심지어는 클럽 때문일지도 모른다며 장비 탓을 한다.

당신이라면 두 번째 샷을 어떻게 하겠는가?

A. 이 샷이 당신에게는 상당히 부담스럽기 때문에 스윙 연습을 충분히 해야 한다고 생각 한다.
B. 플레이 진행 속도를 조금 늦추는 결과를 가져오긴 하겠지만, 어떤 채로 샷을 할 것인지 결정하기 위해 시간을 충분히 사용한다. 부담 없이 즐기는 라운드이기 때문에 당신의 고객은 전혀 개의치 않을 것이다. 더욱이 당신은 새 클럽을 아직 사용해 보지도 않았다.
C. 시간을 오래 끌지 않는다. 필요하다면 한 차례 연습 스윙을 할 뿐 더 이상 연습하지 않는다. 고객이 기다리도록 만들지 않는다.

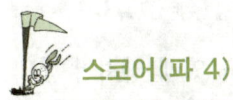

스코어(파 4)

4: A는 파를 기록하긴 했지만, 시간과 플레이 진행 속도를 고려하여 한 차례 연습하는 것으로 그쳐야 한다! 비즈니스 골프를 하기 전에, 몸을 풀기에 충분할 정도로 최소한의 연습만 한다. 연습용 레인지에서 십여 차례 정도 샷을 하는 것이 적당하다. 플레이를 시작하기 전에 샷 연습을 많이 해야 한다고 생각하는 비즈니스 골퍼들이 의외로 많다. 결과적으로 장시간의 운동으로 인해 땀을 많이 흘리게 되고 피로해지기 쉽다. 왜 이렇게 하는가? 적당한 리듬감을 얻기 위해서? 불안감을 해소하기 위해서? 아니면 플레이를 하기 전에 멋진 마지막 샷을 날리기 위해서? 이런 생각은 아예 하지 마라! 힘과 땀을 아껴야 한다. 그리고 정신적인 스트레스를 줄여라. 혹시라도 멋진 샷을 휘두를 수 있는 비법을 갑자기 발견하게 될지도 모른다는 기대를 가지고 있다면, 그럴 일은 전혀 없을 것이다. 비즈니스 골프를 하기 전에 강도 높은 연습을 하는 것은 좋지 않다. 너무 늦었다. 그렇게 해서는 안 된다! 이렇게 하기보다는 자신의 스윙 실력과 기존의 점수들을 인정하고 받

아들이는 편이 현명하다. 마음을 여유 있게 가져야 한다. 약간의 샷 연습, 몇 차례의 칩 샷과 퍼팅이면 족하다. 더 이상은 필요하지 않다! 지나치면 첫 티 샷에서 실패할 수 있다. 따로 시간과 장소를 정해서 연습을 하되 비즈니스 골프를 하기 전에 지나친 연습은 결코 좋지 않다.

5 : B는 보기를 범한 것이다. 고객이 개의치 않을 것이란 보장이 어디 있는가? 이것은 중요한 판단 착오일 수 있다. 시간은 소중하다. 골프에서는 특히 그렇다. 기다림은 결코 유쾌한 일이 아니다. 특히 당신이 곤란한 상황에 놓인 경우라면 말할 나위가 없다. 조금씩 지체하다가 결국 일을 그르치고 만다. 대개의 경우 고객은 사실 당신이 오늘 어떤 대가를 지불했는지 전혀 관심이 없다. 고객을 기다리게 해서는 안 된다. 고객에게 호감을 주고 싶다면 샷을 하는데 걸리는 시간을 최소한도로 줄이는 것이 중요하다. 함께 라운드를 돌고 있는 다른 사람들과 마찬가지로 당신의 고객도 이를 고마워할 것이다. 그리고 새 장비 탓을 하기는 이르다. 당신에게 적응하는 과정이 필요하기 때문이다.

3 : C는 버디를 낚은 것이다. 당신이 목표를 가지고 있다는 사실을 보여 준다. 다른 사람들로부터 호감을 사게 될 것이다. 행동에는 말이 필요하지 않다.

무엇이 자신에게 유익한지 어떻게 알 수 있는가

서비스 분야이든 아니면 제조업 방면에서 일하든 적절한 장비를 갖추는 것이 중요하다. 예를 들어 첨단 제조업 쪽에서 우리 회사의 테스트 장비용 통신 제품은 독보적이라는 평가를 받았다. 기업 고객과 정부가 각각의 제품, 빌트 인(Built-in) 제품, 백업 경고 신호 등 갖가지 특성을 일일이 지정했다. 왜냐하면 테스트 장비는 다양한 환경 속에서 이용될 수 있기 때문에, 실제로 어떤 특정한 환경 하에서 작동해야 하는지를 지정하는 것이 중요하기 때문이다. 특히 우리가 만든 제품이 전체 통신 네트워크의 일부일 경우에는 더욱 그랬다.

제조 분야에서는 생산 부문의 품질관리가 무엇보다 중요했다. 생산의 일관성을 유지하고 고객의 요구에 부합할 수 있기 때문이다. 따라서 품질관리를 위한 설비투자가 절실히 필요했다. 우리는 생산 능력을 개선할 수 있는지 여부를 정기적으로 점검했다. 다른 회사를 방문하고 연구 조사를 실시했으며, 심지어는 유사한 제품을 생산하는 다른 회사를 모방하기 위해 노력하기도 했다. 하지만 결국은 현재의 상황에서 최선이라고 생각되는 것을 선택했다. 그것은 바로 우리가 필요로 하는 최고의 장비를 구입하는 것이었다. 그리고 믿을 수 있는 질 좋은 제품을 생산하기 위해 품질과 함께 생산성을 중시했다.

  서비스 산업에서 요구되는 것이 많이 있지만, 컴퓨터 장비가 무엇보다 중요하다. 하지만 자동화를 위한 자동화는 바람직하지 않을 수 있다. 비용이 증가하기 때문이다. 장비의 비용이 많이 들어간다는 뜻이 아니라 직원들이 소모하는 시간이 늘어난다는 뜻이다. 예를 들면, 컴퓨터 정보 시스템을 구매하는 경우 다양한 선택이 가능하다. 먼저 이 시스템을 필요로 하는 이유가 무엇인지 목록을 만든다. 비용을 줄이기 위해 기존의 소프트웨어와 하드웨어를 그대로 이용할 수 있는가? 어떤 종류의 지원, 훈련 그리고 전문 지식이 요구되는가? 이것을 적절하게 관리할 수 있는가? 어떤 종류의 결과가 나올 것인가? 어떤 부서와 직원들에게 지원을 해야 하며 제공된 정보를 통해 어떤 변화가 생길 것인가?

흔히 직접적으로 업무와 관련이 없는 정보를 지나치게 많이 받아들이기가 쉽다. 중요한 것은 자신의 상황에 적합한 기술인가 그리고 해결 방법을 제시해 줄 수 있는가 하는 점이다. 누가 그 정보를 받아들일 것인가? 이를 통해 고객에게 더 나은 서비스를 제공해 줄 수 있는가? 새로운 시장으로 진출하여 틈새 경쟁력을 확보할 수 있는가? 효율적이고 생산적으로 회사를 운영할 수 있는가? 이 정보 기술 시스템을 이용하여 직원들이 더 용이하게 업무를 처리할 수 있는가? 오히려 불필요한 서류 업무만을 가중시키는것은 아닌가?

TIPS 적절한 기술과 시설에 투자하기 위해서 많은 기업들이 실무와 업무 진행 과정을 검토한다. 이 때 중요한 것은 컴퓨터를 비롯하여 각종 기계에 이르기까지, 기대되는 생산성을 이용할 수 있는 필요한 인력과 지원을 회사가 보유하고 있는가 하는 점이다. 그 정보를 어떻게 내부적으로 순환시키며 어떤 방법으로 그 혜택을 고객에게 돌릴 것인가? 다음에 쓰여진 사항들을 지난 6개월에서 일 년 사이에 실시한 적이 있는가?

● 설비를 정기적으로 체크하고 업데이트한다. 구입한 것이든 임대한 것이든 관계없이 모든 설비의 목록을 작성한다. 예를 들어 구입 시기, 애프터서비스 현황, 품질 보증에 관한 정보, 영수증, 매도자에 관한 정보, 그리고 구입 목적 등을 상세하게 기록한다.

● 각 부서 책임자로 하여금 수집된 정보에 대해 책임을 지도록 한다. 최고 관리자층이 이를 재검토한다. 설비를 업그레이드하고 이에 관한 의견과 설비 구입에 필요한 비용을 산출한다. 설비 하나 하나에 관한 유지 관리 계획, 제조자, 전화번호, 웹사이트 주소, 그리고 설비나 데이터베이스에 이상이 발생할 경우 누구에게 연락해야 하는지 확인한다.

● 제조업체인 경우 반품 비율, 시간당 생산량과 노동

시간을 목록으로 작성한다. 만약 서비스 분야라면 노동의 시간 효율성을 목록으로 만든다. 또한 해당 설비가 적절한 위치에 있는지 더 개선될 여지는 없는지 체크한다.

● 각 부서에서 가장 필요로 하는 소프트웨어 프로그램이 무엇인가? 그리고 프로그램에 관한 내용을 누구에게 전달해야 하는가? 각 분야에서 가장 중요한 정보가 무엇인가? 중요하지 않은 정보를 검토하느라 시간을 낭비하지는 않는가?

● 컴퓨터 정보 시스템에 필요한 설비나 주변장비는 무엇인가? 선택사양을 결정하기 위해 먼저 www.zdnet. net 혹은 www.tucows.com 사이트를 검색하는가?

> **SUMMARY**
>
> **적절한** 장비 구입을 통해 시간을 얼마나 절약할 수 있는가? 손익분기점이 언제인가? 업무 관계를 발전시킬 수 있는 시간, 특히 필드에 나오는 시간을 더 많이 낼 수 있는가?

Point 3

마땅히 있어야 할 곳을 찾아라
—장소…장소…장소…

3번 홀

이 코스는 잘 손질된 필드와 쾌적한 주변 환경으로 인해 골프의 매력을 한껏 느낄 수 있는 코스이다. 고객이 페어웨이에서 아이언으로 샷을 한 후 잔디에 상당히 크게 패인 디보트 자국이 생겼다. 그런데 이것을 보고도 그대로 내버려 두는 것을 보고 당신은 놀랐다. 당신이라면 어떻게 하겠는가?

A. 이 사실에 대해 일깨워 준다.
B. 고객을 당황하게할 지도 모르기 때문에 그대로 둔다.
C. 고객을 대신하여 즉시 패인 자국을 원래대로 손질한다.

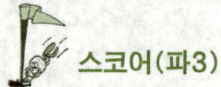
스코어(파3)

3 : 패인 자국을 원래대로 해 놓아야 한다는 사실을 고객에게 일깨워 주었다면 A는 파를 기록한 것이다. 골프 코스가 누구의 소유이든 이를 제대로 보존하는 것이 에티켓이다. 잔디에 디보트 자국을 만든 사람이 잔디를 원상태로 손질하는 것은 중요한 골프 예절이다. 샷으로 생긴 자국을 그대로 방치해 두면 그 자리에 다시 잔디가 돋기까지 상당한 시간이 걸린다. 코스를 관리하고 유지하기 위해서는 많은 정성과 투자가 필요하다. 잔디에 생긴 패인 자국을 하나 하나 손질하는 노력을 생각해 보라. 샷으로 잔디가 패였다면 이를 손질하는 습관을 들인다. 결국 당신 자신이 패인 잔디의 희생자가 될 지도 모를 경우를

미리 예방하는 것이다. 플레이를 하고 기꺼이 잔디를 손질할 줄 아는 자신에 대해 자랑스러워하라. 이러한 행동은 당신의 사람됨을 말해 준다. 고객이 이 점을 놓칠 리 없다.

4 : B는 보기를 낸 것이다. 코스를 손질하지 않은 것은 주의와 관심이 부족하다는 것을 말해 주기 때문이다. 필요한 경우 적절한 행동은 상대를 당황하게 만들기보다는 오히려 당신의 위상을 한층 높여 줄 것이다.

2 : C는 책임감이 있음을 보여 주는 것으로 아주 훌륭하게 행동한 것이다. 입으로 굳이 말하지 않아도 메시지를 전할 수 있다. 실천을 통해 의미를 전달한 당신의 행위는 버디감이다.

장소… 장소… 장소…

많은 부동산 전문가들은 위치가 자산 가치의 중요한 열쇠라고 입을 모은다. 내가 근무했던 금융 서비스 회사들도 하나같이 고객과 만나고 대화할 수 있는 멋진 장소와 시설을 갖추고 있었다.

　80년대 초 내가 경영에 참여했던 회사의 건물을 들어가면 마치 1920년대로 거슬러 올라간 것 같은 인상을 받게 된다. 그곳은 외관이 그리 나쁘지 않은 건물이었다. 사업을 하고 일을 하는데 최상의 위치가 필요한 것은 아니며, 공간만 있으면 충분하다고 우리는 생각했다. 하지만 허술한 근무 여건이 업무의 생산성에 영향을 미쳤다. 장비, 재고품, 회의실 그리고 사무실이 정리가 안 된 채 뒤죽박죽이었다. 우리는 두 층을 임대하고 있었는데, 정리를 해도 소용이 없었다. 제한된 공간은 결국 상당한 비능률을 가져왔다.

　예를 들어 통로, 로비, 화장실 할 것 없이 재고품이 여기 저기에 온통 쌓여 있었다. 반조립품의 부품을 찾지 못해 이리저리 뒤지고 다니기가 일쑤였다. 필요한 부품이 있는지, 재고 정리가 제대로 되었는지, 불량품이 있는지 그리고 주문에 맞춰 제품을 운송할 수 있는지를 확인하기 위해 늘 늦게까지 근무해야 했다. 하지만 문제의 근원은 해결되지 않은 채로 남아 있었다.

비용 문제가 있기는 했지만 우리는 새로운 건물을 물색하기 시작했다. 여기저기 많은 공장과 설비 도면을 검토하고 조사한 끝에 마침내 마음에 드는 공장을 찾을 수 있었다. 미래의 투자와 사업 확장에 매우 적합할 것으로 여겨지는 곳이었다.

조화로운 환경 조성은 직원들에게, 특히 신입 사원을 선발할 때 중요하게 작용한다. 가능한 한 깨끗하고 쾌적한 근무 환경을 유지해야 한다. 풍경이 있는 근무 환경을 만들기 위해 그리 많은 비용이 필요한 것은 아니다. 이것은 유능한 인재를 채용하는 데에도 유리하다. 당신이 좋은 근무 환경을 만들고 현재의 일터를 자랑스러워한다는 인상을 심어 줄 수 있기 때문이다.

TIPS 현재 일하고 있는 장소는 얼마나 쾌적한가? 최근에 건물과 사무실의 유지 관리를 검토한 것이 언제인가? 당신은 자신의 근무 환경에 자부심을 가지고 있는가? 공간이 충분한가? 내부 정리를 통해 더욱 많은 공간을 확보할 수 있는가? 실내를 새롭게 단장함으로써 업무 능률이 증대될 것인가? 다음 사항들을 고려한다.

- 사무실이나 공장의 원자재 관리와 업무 흐름을 어떻게 체계화할 것인가? 재고품이 지나치게 많은 공간을 차지하고 있지는 않은가? 내부를 새롭게 바꿀 계획을 갖고 있는가? 근무하고 있는 곳이 얼마나 안전한가?

- 원거리에서 사진을 찍고 전체적인 업무의 흐름을 도표로 작성하는 등 먼저 전체적인 윤곽을 잡는다. 이렇게 함으로써 다른 각도에서 자신의 주변환경을 바라보고 어떤 것들을 변화시켜야 할지 알 수 있다.

- 새로운 장비를 구입하거나 임대하기 전에 먼저 그 장비가 당신의 환경에 어울리는지 그림을 그려 본다. 필요한 장비를 직접 가서 보거나 혹은 적어도 그것이 당신의 현재 환경 내에서 어떻게 자리잡을 것인가에 관한 그림을 눈으로 확인한다. 설치나 기타 사항 등에 관한 비용이 별도로 필요한지 고려한다.

● 서비스 분야는 특히 고객의 관점에서 업무의 효율성을 고려할 필요가 있다. 인터넷을 통해 고객과 만남으로써 기업과 고객이 만나는 데 드는 비용을 절감할 수 있지만, 고객과 직접 만나는 것은 여전히 매우 중요한 문제이다. 고객이 당신의 사무실을 얼마나 자주 방문하는가? 이것이 세일즈에 장애가 되는가? 아니면 더욱 효율적인 업무가 가능해졌는가?

> **SUMMARY**
>
> **당신은** 지금 일하고 있는 장소에 만족하는가? 좋은 근무 환경인가? 특히 방문객에게 어떤 인상을 주는가? 쾌적한 일터로 만들 만한 가치가 있는가? 골프 코스는 대개 매우 뛰어난 환경 조건을 갖추고 있다. 골프 코스를 둘러보고 당신의 근무 환경에 도움이 될 만한 아이디어를 얻을 수 있는지 살펴본다.

Point 4

입지를 강화하라
―자신의 강점·약점 파악하기

 4번 홀

 샷을 먼저 한 고객이 퍼팅 그린에서 어느 방향으로 퍼팅할 것인지 미리 알고, 자신이 서 있는 위치를 확보한다. 퍼팅 그린에서 당신은 대개 고객의 뒤편에 서 있곤 한다. 그런데 고객의 퍼팅 동작을 지켜보면서 고객으로부터 너무 가까이 있는 것이 아닌가 하는 생각이 들었다. 고객이 막 공을 스트로크하기 위해 자세를 가다듬고 있다. 어떻

게 하는 것이 가장 좋을까?

A. 고객이 아무 말도 하지 않았기 때문에 고객의 뒤편에 그대로 서 있는다.
B. 즉시 뒤로 물러난 후 미안하다고 말한다.
C. 위치를 옮겨야 할 이유는 없지만 다음 홀에서는 안전한 거리만큼 물러서 있어야겠다고 생각한다.

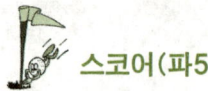
스코어(파5)

6 : A는 좋지 않다. 당신이 알아서 하라는 식의 태도는 상대를 짜증스럽게 하기에 충분하다. 이것은 보기를 범한 것이나 다름없다. 삼가해야 할 행동 가운데 하나이다.

4 : B는 버디이다. 자신의 실수를 인정한다는 것을 의미하기 때문이다. 이것은 당신이 책임감 있는 사람이라는 사실을 보여 준다. 의도적으로 그렇게 서 있는지도 모른다는 오해를 불식시킬 수 있다. 고객이 당신에게 뒤로 좀

물러나 달라고 부탁하기라도 한다면 얼마나 당혹스럽겠는가? 더구나 이것은 골프 규칙에도 위반된다.

5 : C는 파이다. 뒤로 물러서야 한다는 것은 옳은 생각이다. 필요한 거리보다 훨씬 더 멀찌감치 물러나 서 있는다. 이것은 당신이 고객의 요구에 촉각을 곤두세우고 있으며 언제든 기꺼이 변화할 자세를 갖고 있다는 것을 의미한다. 플레이하고 있는 사람 바로 뒤편에 서 있지 않는 것이 골프의 규칙이다.

자신의 강점과 약점을 파악한다

우리는 회사를 확장 이전함으로써 필요한 공간을 충분히 확보했을 뿐 아니라 능률적인 업무 환경 속에서 일할 수 있게 되었다. 그러나 필요한 계획과 상황을 설정하고 우리 자신의 약점과 강점을 파악하기 위해서는 도움이 필요했다. 우리가 지나치게 상황에 밀착되어 있다면 분명한 문제조차도 눈에 띄지 않을 수 있기 때문이다. 이것은 나에게 아주 중요한 문제였다. 왜냐하면 매년 산출되는 경영 성과가 나의 직접적인 수입원이었기 때문이다. 나는 회사 운영의 대가로 커미션을 받았으며 회사의 소유권을 갖고 있지는 않았다.

오늘날 미국의 대부분의 주(州)에서 제조업 발전 프로그램(MEP)센터를 운영하고 있다. 이 센터는 모든 형태의 비즈니스에 대한 실제적인 지원을 목적으로 설립되었다. MEP센터는 기업이 경영 비용을 줄이고 이윤을 극대화하며 더 나아가 강한 경쟁력을 확보할 수 있도록 도와주는 기관이다. 이 센터는 독립적으로 운영되며 기업이 스스로를 평가하고 변화를 모색할 수 있도록 해준다. 전국적으로 데이터베이스를 확보하고 있으며 저렴한 비용으로 필요한 도움을 받을 수 있다. 비용을 받지 않고 무료로 제공하는 서비스도 있다.

우리는 공장 설계와 생산성을 재검토하고 새로운 시장을 찾아 나서야 했다. 사업성 제고를 위한 평가가 이루어졌다. 각 부서 책임자들과의 토론 그리고 수집된 정보에 대한 재검토가 전체적인 사업의 효율성을 평가하는데 도움이 되었다. 필요한 변화를 추구하기 위한 제안들이 나왔다. 당신 스스로 변화를 추구할 수도 있고, MEP가 필요한 변화를 모색하도록 도와줄 수도 있으며, 혹은 컨설팅 회사의 도움을 받을 수도 있다. 이 프로그램을 통해 우리는 경쟁력을 갖춘 이윤 지향적인 비즈니스 활동에 초점을 맞출 수 있게 되었다.

금융 분야에서 일할 때는 금융업협회에 가입하고 꾸준히 교육과정을 이수한다든지, 금융 상품의 변화를 정기적으로 체크했다. 고객이 자신에게 가장 적합한 형태의 재정 계획을 마련할 수 있도록 해주는 것이 중요했다. 예를 들면, 만약의 경우 고객에게 필요할지 모를 생명 및 상해 보험의 액수를 산정하기 위한 분석을 하기도 했다. 자산, 부채 그리고 정부 지원 프로그램에 대한 객관적인 재정상황을 토대로 분석이 이루어졌다. 이 과정에서 대개 유익한 대화와 정보 교류가 이루어지며, 그리고 간혹 고객의 재테크 계획의 강점과 약점이 드러나기도 했다.

어떤 업종에 종사하고 있든 자신의 강점과 약점을 알면 지속적으로 자신을 업데이트할 수 있다. 그리고 이 문제에 대한 경각심을 가지게 된다. 일단 계획을 수립한 후 처음의 계획을 꾸준히 추구하든지 또는 새로운 변화를 위한 도움을 받는 것이 중요하다. 중요한 문제에 초점을 맞춘 다음 어떠한 결론에 도달하게 된 이유가 무엇인지 스스로에게 분명히 자문한다. 분명치 않게 넘어간 부분이 있는가? 만약 있다면 그것이 무엇인지 밝혀야 한다. 특히 염려스럽거나 밤에 잠을 이루지 못하게 만드는 문제가 있는가? 세일즈, 재무, 비용, 고용, 경쟁, 어느 것이 문제인가? 당신에게 가장 중요한 것은 무엇인가?

자격을 갖춘 컨설턴트로부터 회사나 개인의 재무 상태를 객관적으로 분석하는데 필요한 도움을 받을 수 있다. 하지만 요술방망이를 두드리듯 그들이 즉각적으로 판매를 증대시킬 방안을 내놓으리라고 기대해서는 안 된다. 특히 당신이 속한 업종이 성장하리란 기대가 거의 없는 경우라면 더욱 그렇다. 그러나 분석 보고서는 가능한 한 자세하게 여러 가지 내용을 담고 있어야 한다. 당신이 관여하고 있는 주요한 문제, 문제를 해결하기 위해 취해야 할 조처 그리고 어떤 형태로 보고를 받고 싶은가(공식적인 보고서, 파워포인트 혹은 회의 등)에 관한 내용들을 상세하게 기록한다.

TIPS 어떤 분야에 관한 평가이든, 특히 제조업 분야인 경우 다음 내용들이 적절하게 포함되어 있어야 한다. 관리, 인적 자원, 영업, 마케팅, 생산, 재무, 작업 공정 그리고 품질이 바로 그것이다. 회계 감사에서 드러나는 강점과 약점은 당신의 현재 상황을 새로운 눈으로 바라볼 수 있는 실마리가 되어 줄 것이다.

컨설턴트의 도움을 받는 경우 당신 자신뿐 아니라 주요 관리자들이 함께 면담을 해야 한다. 문제를 야기한 진짜 원인이 이전에 소홀히 넘겼던 문제인 경우가 종종 있다. 컨설턴트는 회사에 속해 있지 않기 때문에 한쪽으로 치우치지 않고 객관적인 그림을 제시할 수 있다.

자격을 갖춘 컨설턴트들은 뛰어난 정보원이기도 하다. 그들은 당신이 듣고 싶어하지 않을 사항들에 관해서도 이야기한다. 고무적인 일이다. 회사가 듣고 싶어하는 말만 하는 사람을 경계하라. 문제를 명확하게 분류하고 이미 알고 있는 사항들을 다시 확인하는 것 외에도, 해결책을 제시하거나 적절하고 타당한 해결 근거를 제시해 줄 것이다.

컨설턴트와 지속적인 만남을 가져라. 그에게 많은 질문

을 하고 문제의 여러 측면을 꼼꼼히 살피고 체크해야 한다. 다른 회사를 벤치마킹하거나 업계의 재무 표준과 비교해야 할지도 모른다. 예를 들면 로버트 모리스는 재무 벤치마킹 부문에서 잘 알려져 있으며 홈페이지 주소는 www.rmahq.com이다. 당신이 가진 정보의 기밀성과 효용 가치를 재검토하라.

SUMMARY

강점과 약점에 관한 검토를 통해 새로운 주안점을 찾을 수 있는가? 이 과정에서 누가 당신을 지원해 줄 것인가? 단체, 골프 클럽 혹은 업계의 회원 가운데 도움이 될 만한 전문가들이 있는가?

골프를 하는 동안 캐디가 함께 있는가? 당신은 캐디를 고용한 적이 있는가? 골프카를 이용하기보다는 가능하면 캐디를 이용하라. 캐디가 뛰어난 관찰력으로 좋은 조언을 해줄 것이다.

당신의 골프 실력은 어떠한가? 현재 골프를 하는데 어려움이 있는가? 아니면 적당히 보조를 맞출 수 있을 정도로 골프를 할 수 있기를 바라는가? 프로 골퍼들과 만나 의논하라. 프로 골퍼들은 여러 해 동안 기량을 익히고 닦아온 사람들이다. 그들로부터 확실한 도움을 받을 수 있을 것이다. 또한 어떤 클럽과 장비가 당신에게 가장 적합한가에 대해 전문적인 조언을 해줄 것이다. 대부분의 프로들은 다른 단체나 조직의 회원이기 때문에, 이들이 다른 골프 이벤트나 토너먼트에 당신을 초대할 수도 있다. 이것은 도움이 될 만한 인간 관계를 형성할 수 있는 좋은 기회이다. 프로 골퍼들을 당신의 골프 게임, 비즈니스 골프 그리고 새로운 사람을 만날 기회를 제공하는 파트너라고 생각하라.

Point 5

사람이 생산성이다
— 능력에 맞게 행동하라

 5번 홀

티에서 샷을 하기 위해 기다리는 동안, 고객이 유능한 직원을 채용하기가 얼마나 힘든지에 관해 말한다. 당신은 그의 말에 공감을 표시하면서 구인 업무를 전문으로 하는 회사 두 곳과 담당자들을 소개해 주겠다고 말한다. 당신은 고객에게 도움을 줄 수 있다는 사실에 기분이 좋다. 사실 당신은 고객이 샷을 제대로 하지 못했던 홀에 관해 화

제를 돌릴 수 있게 된데 대해 무척 흥분해 있다. 고객에게 어떤 동작이 문제였는지 말하면서 도움을 주려고 애쓴다. 심지어 고객이 부탁을 하지 않은 상황에서 간단한 시범을 보여 주기까지 한다.

A. 부탁받지 않은 경우 어떤 조언도 하지 않는다.
B. 다음 홀에서는 더 잘 할 수 있을 것이라는 고무적인 말을 해준다.
C. 고객이 도움을 필요로 하고 있다고 판단하고 조언을 해주기로 결심한다.

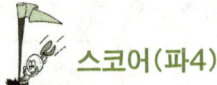
 스코어(파4)

3 : A는 버디이다. 고객이 당신에게 도움을 요청하도록 만들어라! 되풀이하건대 고객이 먼저 당신에게 부탁하도록 하라. 어떻게 말해야 할지 모르겠다면, 무슨 말을 해야 할지 모르겠다고 사실대로 말하라. 만약 당신에게 도움이 될 수 있는 좋은 생각이 있다면 생각대로 행동하라. 자신

의 조언이 도움이 될지 여부에 대해 걱정하지 마라. 도움이 될지 안될지는 중요하지 않다. 이전의 경험을 말해 주는 정도로 충분하다. 필드를 돌고 있는 동안 혹은 그 후에 당신의 조언이 어떤 결과를 가져왔는지 알 수 있을 것이다. 하지만 당신은 고객에게 시험삼아 플레이를 해보는 것보다는 꾸준히 연습하는 것이 무엇보다 중요하다는 말을 애써 강조한다. 사실 이것은 고객이 당신의 조언대로 한 샷이 잘못되었을 경우를 대비하여 미리 빠져 나갈 길을 만들어 두려는 행동이다.

4 : B는 가까이 다가가되 조언을 하듯 말하지 않도록 해야 한다. 고무적인 말이 좋긴 하지만, 설명하듯이 하지 말고 짧게 핵심만 이야기한다. 당신은 파를 기록했다.

5 : C는 보기를 낸 것이다. 도움을 주고 싶다면 그렇게 하라. 하지만 부탁하지 않았는데도 스스로 도와주겠다고 나서지는 마라. 왜 안 될까? 무엇보다도 우선 고객이 도움을 필요로 하지 않을 수 있다. 둘째, 호의에서 그렇게 했겠지만 잘못하면 고객으로 하여금 열등감을 느끼게 만

들 수 있다. 이것은 결코 원하던 바가 아니다. 마지막으로, 고객이 당신의 조언에 따라 샷을 한다 해도 이를 연습할 기회가 없었기 때문에 샷이 성공하지 못할 가능성이 많다. 특별히 부탁을 받지 않은 한 조언을 하지 않는 것이 규칙이다. 그렇지 않으면 당신에게 불리한 결과를 가져올 수 있다.

능력에 맞게 행동하라

내가 근무했던 회사들은 한결같이 건물, 토지, 사무용 설비 그리고 컴퓨터에 상당한 투자를 했다. 토지와 건물, 설비, 기계류, 정보화 시스템 부문에 대한 대규모 투자가 나의 주요 업무였다. 하지만 가장 중요한 자산은 바로 사람이다. 인간의 구성 요건 가운데 한 부분인 무형의 것들, 예를 들면 태도, 직업 윤리, 동기, 격려 그리고 열정이 기업 발전의 동력이다. 최고 관리자층의 리더십이 각 부서 업무의 발전에 중대한 영향을 미친다. 따라서 원활한 의사소통이 무엇보다 중요하다.

대개의 경우 인적 문제는 개성의 차이, 의견 차이 그리고 오해로부터 비롯된다. 직접 회사를 경영하면서 우리는 교육과 훈련을 장려하고, 근무시간을 융통성 있게 조절할 수 있도록 했다. 이것은 생산성을 향상시키려는 노력의 일환이었다. 갑작스런 주문, 돌발상황, 위기 그리고 최종 납기일에 맞춰야 하는 등의 이유로 인해 때로 생산성을 고려할 수 없는 경우도 있었다. 이것은 흥미로운 시간이긴 했지만 바람직한 일 처리 방법은 아니다.

우리는 매년 상여금과 휴가를 적절하게 인상했으며 가끔씩 친목도모를 위한 모임을 가졌다. 이렇게 함으로써 직원들의 사기를 진작시킬 수 있었다. 하지만 직원들이 직장에서 가장 바라는 것이 무엇인지 알고 있는가? 안정성? 좋은 대우? 자신들이 하는 일에 대한 인정? 승진? 신뢰? 〈Investor's Business Daily〉에 실린 기사에 따르면, 직장인들이 중요하다고 생각하는 것 가운데 첫 번째가 좋은 대우였다. 그렇다면 직원들은 실제로 어떻게 말할까? 역시 좋은 대우라고 말할까? 아니다. 그들은 자신들이 하고 있는 일에 대해 충분히 인정해 주기를 원한다고 말할 것이다.

한 가지 분명하게 알게 된 사실이 있다. 직원들과 그들이

하고 있는 일에 관심을 가져야 한다는 것이다. 그들이 당신으로부터 배우듯이 당신도 그들로부터 배워야 한다. 대화하는 시간을 충분히 가져라. 그들로부터 좋은 조언과 아이디어, 직원 채용에 관한 정보를 얻을 수 있을 것이다. 사람은 누구나 자신이 도움이 된다는 느낌을 받고 싶어한다. 또한 다른 사람으로부터 관심을 받기를 원한다. 특히 자신보다 지위가 높은 사람으로부터 관심을 받고 싶어한다.

직원 한 명을 고용하는데 비용이 얼마나 들까? 연구에 따르면 월급, 각종 혜택 그리고 인터뷰하는데 필요한 시간 등을 합친 것 이상의 비용이 든다고 한다. 신문이나 경제 전문지에 광고를 낸다든지, 구인 회사에 지불하는 비용 혹은 새로 채용된 직원이 가져올 업무상의 손익, 급여, 고객의 불편, 생산성 그리고 여러 가지 다양한 요소들이 여기에 관련된다. 특히 핵심 인력을 채용하는 데는 더욱 많은 비용이 든다. 그 사람의 연봉에 맞먹는 비용이 들어갈 수도 있다. 당신의 회사는 직원을 채용하기 위해 비용을 얼마나 들이는가?

우선 그 직책에 변화를 줘야 할 필요가 있는지 검토한다. 전임자를 포함하여 가능한 한 많은 사람들로부터 정보를 입수하라. 지원자를 인터뷰할 때 해당 부서의 책임자가 처음부터 인터뷰에 참가한다. 채용에 특히 신중을 기해야 한다면 지원자들이 제출한 서류의 진위여부를 확인하고 별도로 한 번 더 인터뷰할 시간을 잡는다. 지원서를 검토하고 이전 직장을 그만둔 시점과의 시간차가 어느 정도인지 체크해 본다. 지원서가 시간적 추이에 따라 명료하고 이해하기 쉽게 작성되어 있는지 확인한다.

인터뷰를 할 때 필요한 업무에 관한 능력과 지식에 관한 질문뿐 아니라 주어진 상황에서 지원자가 어떻게 대처하는지 눈여겨본다. 자신의 능력과 경험에 관해 가능한 한 자세하게 이야기하도록 유도한다. 이를 통해 지원자가 환경에 어떻게 적응하는지 살펴볼 수 있다. 상세하고 명확한 사례를 질문한다. 지원자의 행동 특히 어조, 몸 동작, 시선 그리고 표정 등을 유심히 살핀다. 이렇게 하면 지원자에게 많은 질문을 하고 인터뷰를 적절하게 조절하는데 도움이 된다.

인터뷰가 끝나면 지원자에 대한 인상을 즉시 기록한다. 정보를 가장 명확하게 기억할 수 있는 시점이기 때문이다. 지원자가 직책에 적합한지 여부를 포함하여 가능한 많은 사항들을 기록한다. 함께 동석한 다른 인터뷰 참가자들의 의견도 기록해 둔다.

일단 직원을 채용한 후에는 회사의 연혁과 해야 할 일에 관해 익힐 수 있도록 지도한다. 효율적인 업무 능력을 갖춘 사람을 찾는 일이 쉽지 않다는 점을 감안할 때, 신입사원에게 자신이 속한 분야의 성격, 책임감, 대화통로 그리고 자신이 처리해야 할 업무 등에 관해 되도록 상세하게 숙지하도록 하는 것이 매우 중요하다. 당신의 회사는 노력, 창의력, 아이디어, 그리고 자유로운 발의를 중요시한다는 점을 보여 준다. 이렇게 함으로써 개인의 업무 효율성을 증대시킬 수 있는 좋은 업무 환경을 만들 수 있다. 주목과 관심을 받을 때 직원들은 더욱 적극적으로 흥미와 성실성을 나타내기 마련이다. 자신이 인정받고 있다고 느끼도록 만듦으로써 자기 자신과 회사에 대한 호감을 갖게 되는 것이다.

TIPS 당신은 직원들이 자신의 영역이 아닌 분야에 대해 배우고 이해할 수 있는 기회를 제공하는가? 직원들의 능력을 충분히 파악하고 있는가? 그들의 업무 성격을 가장 최근에 검토한 것이 언제인가? 다음의 내용을 살펴보기 바란다.

- 일정기간이 지난 후 해당 업무에 종사했던 직원에 대한 업무 수행 능력을 어떤 방법으로 평가하는가? 직원들이 자신의 업무 성격에 대해 재검토할 수 있는 기회를 주는가? 만약 그렇다면 방법은 적절한가? 이를 통해 실제적인 변화가 있었는가? 자신의 업무 가운데 어떤 점이 뛰어나며 또 어떤 점을 보완해야 하는가? 업무 수행 능력 검토에 있어 강조하고자 하는 중요사항에 대한 실제 사례를 확보하고 있는가? 직원 재교육과 관련하여 www.keepem.com 사이트를 참고하면 많은 도움이 될 것이다.

- 직원들의 업무 성격과 능력을 가장 최근에 검토한 것이 언제였는가? 업무 성격과 직원의 능력이 잘 맞는가? 재교육, 새로운 훈련 혹은 역할을 바꿔야 할 시점은 아닌가?

● 업무 능력을 검토할 때 태도를 함께 관찰하라. 긍정적인가 아니면 부정적인가? 자신에 대해서 어떻게 생각하고 있는가? 기꺼이 배우려는 자세를 가지고 하는가? 얼마나 열정적이고 활력에 차있는가? 자신의 영역에서 성공하겠다는 의욕을 갖고 있는가? 태도는 어떠한가? 생산성은 결과적으로 업무에서 나타나는 총체적인 결과에 중요한 영향을 미친다.

위에서 서술한 내용들은 직원 채용 인터뷰에서도 동일하게 적용된다. 많은 질문을 함으로써 지원자로 하여금 계속해서 말을 하도록 유도한다. 그가 자신감에 넘쳐 있다는 것을 알 수 있는가? 가장 힘든 도전이었던 일은 무엇이었는가? 성공하고자 하는 의지가 있는가? 해당 업무를 수행하기 위해 어느 정도의 경력이 필요한지 그리고 대학 졸업자여야 하는지 등을 먼저 결정한다. 지원자의 성격, 대화를 이끌어 가는 태도 그리고 회사의 분위기에 얼마나 잘 적응할 수 있을 것인가를 주의 깊게 관찰한다. 필요하다면 인터뷰의 질문 사항을 목록으로 작성한다.

SUMMARY

당신은 직원 기술 훈련에 인색한가 아니면 투자라고 생각하는가? 고객을 즐겁게 만들기 위해 실제로 얼마나 많은 시간을 들이는가? 당신의 회사에는 비즈니스 골프에 능한 사람이 있는가? 당신과 역할 분담을 할 사람이 있는가? 그는 골퍼로서의 능력뿐 아니라 사교적인 능력을 보유하고 있는가?

Point 6

기회를 잡아라
―커뮤니케이션이 열쇠다

 **6번 홀**

당신은 오늘 기분이 매우 좋다. 지금까지 게임이 썩 잘 풀려 왔지만 이번 홀까지 버디를 잡을 기회는 한번도 없었다. 당신은 지금 25피트 떨어진 거리에서 버디를 잡으려 하고 있다. 그런데 고객이 당신에게 너무 가까이 서 있다. 하지만 그는 자신이 퍼팅을 하는 데 방해가 되고 있다는 사실을 전혀 모르고 있다. 당신이라면 다음 중 어떤 방

법으로 이 사실을 알리겠는가?

　A. 손짓으로 고객에게 뒤로 좀 물러나 달라는 의사를 전한다.
　B. 경쾌한 어조로 방해가 되니 좀 물러나 달라고 말한다.
　C. 그냥 내버려 둔다. 이 고객은 당신에게 중요하며 이 기회를 놓치고 싶지 않다. 그냥 퍼팅한다.

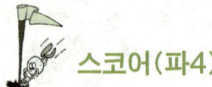
스코어(파4)

4 : A는 파다. 분명하지만 무례하지 않은 태도로 조금 비켜나 달라고 말한다. 그리고 그렇게 해줘서 고맙다고 말한다. 충분히 물러나지 않았다면 다시 부탁한다. 말하기가 곤란하다고 느끼거나 주저할 필요가 없다. 이것은 현명한 요청이며 당신이 전혀 거리낌이 없다는 것을 말해주는 행동이다. 이것은 두 사람이 서로의 성격을 알 수 있는 기회이다.

3 : B는 상대를 불쾌하지 않게 하면서 동시에 잘못된 것을 주저하지 않고 지적할 줄 아는 태도를 보여 준 것이다. 버디를 잡았다.

5 : C는 고객이 어떻게 느낄지 염려하고 있는 심약한 태도를 보인 것으로 보기를 범한 것이다. 대부분 고객은 자신의 행동을 잘 알고 있다. 당신이 어떤 반응을 보이는지 떠보기 위한 테스트를 할 수도 있다. 처음에 아무 말도 하지 않는다면 계속 똑같은 상황이 반복될 것이다. 비즈니스 골프 라운드가 끝날 때까지 당신을 성가시게 할 수도 있다.

커뮤니케이션이 열쇠다

보험이나 은행 분야에서 영업 담당자가 별도로 있는 것과 달리 우리는 제조업에서 영업 담당자를 따로 두지 않았다. 회사 내부에 고객 서비스, 계약, 불편 처리 등 여러 분야의 전담자가 있었지만 영업을 전담할 사람이나 부서는 없었다.

그렇다면 어떻게 영업을 했을까? 지속적인 사업 관계를 유지하기 위해 고객과 직접 접촉하고 만나는 일을 나의 업무로 정했다. 무역박람회, 각종 세미나나 회의에 참석함으로써 영업과 지원을 위한 바람직한 인맥을 형성할 수 있었다. 이것은 보험이나 금융업 분야에서 정부 기관, 이사회, 비영리 단체 그리고 자신의 존재를 알리는데 중요한 역할을 해줄 사람들과 교류를 가지는 것과 매우 비슷하다.

회사의 영업 실적이 몇 년간 지속적으로 늘어났다. 이것은 부분적으로 우리 제품의 품질과 물품 인도에서 평판이 좋았던데 기인했다. "초심을 잃지 말자." 이 말은 우리 사업의 모토였다. 문제가 발생하면 즉시 행동에 나섰다. 신속한 대응은 좋은 평판을 가져왔을 뿐 아니라 고객의 불만도 해소시켰다. 게다가 일을 잘 해내고 있는지 알아보기 위해 고객을 대상으로 정기적으로 만족도 조사를 실시했다. 우리의 생각이 맞는지 여부를 고객의 입장에서 알고 싶었다. 이것이 자동적으로 실적 향상을 가져올 것이라고 생각했다. 우리의 경쟁력을 제고해 줄 방편으로 생각했던 것이다. 하지만 회의적인 생각이 있었던 것도 사실이다. 조사를 통해 몇 가지 흥미로운 사실을 알게 되었다. 문제가 생기고 원하던 결과를 얻지 못했다면, 그 이유가 무엇인지 우리가 알고 있어야 한다는 점이다. 자신들이 왜 승부에서 패했는지 이해하지 못하는 사람들이 있다. 그들은 아예 '왜'라는 질문조차 하지 않는다!

고객 조사는 정기적으로 대부분의 경우 전화로 이루어졌다. 입찰, 영업 활동 그리고 여러 가지 사항에 대한 조사가 여기에 포함된다. 또한 업계의 동향, 제품의 질 그리고 물품 인도 등에 관해서도 반드시 질문했다. 사실 이것은 고객을 우리의 조언자로 활용할 수 있는 방법이었다.

조사 결과를 검토하면서 여러 가지 사실을 발견했는데, 그 중 한 가지는 이런 조사가 영업 활동을 위한 기회가 된다는 것이었다. 우리가 조사를 여러 차례 실시하긴 했지만, 고객 조사를 실시하는 기업들이 주의해야 할 문제가 한 가지 있다. 고객들이 우리의 기분을 상하게 할지도 모른다는 우려에서 혹은 말하기를 두려워하는 경향으로 인해 정직하게 설문에 응하지 않는다는 점이다. 물론 항상 그렇지는 않았다. 고객 조사를 가격에 대한 불만을 털어놓을 기회로 여기는 고객도 있었다. 또한 개인적인 거부감을 표시하는 고객도 있었다. 그래서 외부의 객관적인 전문 기관에 의뢰하여 고객 만족도를 조사하는 것이 더 효율적일 수도 있다. 이렇게 함으로써 한쪽으로 편향되는 것을 막고 고객에게 좀 더 많은 정보를 제공할 수 있는 기회로 삼을 수 있다.

우리는 고객과의 원활한 대화 채널을 유지하고 업계의 경향이나 정보를 신속하게 파악하기 위해 노력했다. 관련 제품에 대한 새로운 입찰 기회를 파악하고 시장의 동향을 이해하는 방편으로 외부의 전문 컨설턴트에 의뢰하여 정기적인 모니터를 실시했다.

TIPS 가장 최근에 고객 만족도 조사를 실시한 것이 언제인가? 이 조사를 통해 새로운 정보를 발견했는가? 어떤 형식으로 질문했는가? 누가 이 일을 담당했으며 어떤 질문을 했는가? 다음 내용을 참고하기 바란다.

고객 조사를 통해 기업 활동에서 가장 중요하게 고려해야 할 것이 무엇인지 분명히 알 수 있다. 제품의 질과 서비스, 물품 인도와 신속한 대응이 주요한 조사 내용이다. 만족을 표시한 고객보다 불만을 가진 고객이 그 기업에 대한 불쾌한 경험을 더 큰 소리로 말한다는 사실을 기억하라. 가능한 한 빨리 불만 고객을 찾아내어 그들을 찾아가라. 또 다른 불만스러운 이유가 있을 것이다. 그리고 솔직하고 성의 있게 질문하라. 항상 준비된 자세를 유지하라.

조사를 통해 고객들은 자신의 요구에 48시간 내에 응답해 주기를 기대한다는 사실을 알게 되었다. 고객은 무엇 때문에 당신의 응답을 기다리고 있는가? 당신이 직접 대답해 줄 수 없는 문제에 대해서도 신속하게 대응하는가? 문제에 대한 적절한 대답을 얻기까지 시간이 얼마나 걸릴지 고객에게 알려 주는가?

고객 조사 실시는 최고 관리자층이 결정하고 회사 전체가 노력해야 한다. 전화 조사를 시작하기 일주일 전에 팩스를 통해 고객에게 한 페이지 정도의 서신을 보내어 전화 방문이 있을 것이라는 점을 미리 알려 주어야 한다. 실제 전화 방문에서는 중요한 질문 내용을 5가지 분야로 정리한다. 방문 시간은 10분에서 15분 정도로 하되 사전에 이 점을 고객에게 양지한다. 이른 아침, 점심시간 혹은 업무를 마감할 무렵 등 바쁘지 않은 시간을 택하는 것이 좋다. 만약 고객이 바쁘다면 전화를 받기 편한 시간이 언제인지 묻는다. 전화 방문에서 말한 내용에 대해 비밀이 보장된다는 점을 인지시키며 편안하고 친근한 대화 분위기를 만든다.

사전에 질문 내용을 명확하게 준비한다. 인터뷰 시간은 순식간에 지나가 버린다. 그리고 대화가 예상하지 못한 방향으로 흘러갈 수도 있다. 대화를 나눈 부분을 확인하는 방법의 일환으로 원래의 주제 쪽으로 화제를 돌린다. 서둘면 안 된다. 꼼꼼하게 질문하되 시간이 초과되지 않도록 주의한다.

서비스 업종의 경우 어떻게 보다 많은 고객을 확보할 것인가? 고객 서비스를 제공함으로써 가능할까? 경쟁 상대와 비교하여 자신의 강점과 약점을 파악하고 있는가? 고객은 왜 당신 회사의 제품을 구입했을까? 고객 서비스를 정기적으로 실시하는가? 그리고 고객의 필요가 무엇인지 알기 위해 진정으로 노력하는가? 신문이나 잡지 혹은 인터넷에서 흥미로운 기사를 발견하면 고객에게 제공하는가? 당신은 고객 조사를 실시해 본 적이 있는가?

당신의 회사는 영업팀, 개발팀 그리고 최고 관리자층 상호 간에 원활한 협조가 이루어지고 있는가? 고객이 가장 중요시하는 문제가 무엇인지 함께 토론하는가? 고객의 참여를 이끌어 내기 위한 방편의 하나로 역할 놀이를 해본 적이 있는가? 고객을 좀 더 잘 이해하기 위해 고객의 입장에서 생각하는 방법을 배워야 한다. 당신은 새로운 고객을 소개해 달라는 부탁을 얼마나 자주 하는가? 그리고 도움을 준 사람들에게 고마움을 전하라.

골프 모임에 참석하라. 특히 자선 활동을 목적으로 하는 모임에 참석하라. 그리고 가능한 한 자주 이런 모임을 준비하는 과정에 참여하라. 중요한 고객으로 하여금 자선 골프 모임에 참여하도록 유도하라. 반드시 많은 사람들이 참여해야 할 필요는 없다. 네 개 혹은 여섯 개 정도의 포오섬(4명 1팀)을 구성할 수 있을 정도면 충분하다. 규모가 작을수록(15명 내지 20명 정도) 일 대 일 대화를 하기가 좋다. 이보다 규모가 커지는 것은 좋지 않다.

당신이 이벤트를 주최하거나 스폰서로 참여하는 경우라면, 그 모임에서 어떤 역할을 해야 하는지 혹은 어떤 역할을 하고 싶은지 스스로에게 물어보라. 신제품이나 서비스 등 새로운 무언가를 소개할 것인가? 아니면 고객이나 직원들의 협조와 노고에 감사를 전할 목적으로 이벤트를 마련하는가? 모임을 진행하는데 필요한 예산을 책정하고 행사를 전담할 팀을 만들어라. 골프 이벤트가 개최되는 클럽의 소속 프로 골퍼들의 협조를 받으며, 행사와 포상에 대한 그들의 의견을 수렴하라. 프로 골퍼들과 의논하여 상품과 기념품을 구매하라. 또한 클럽 관리자와 만나 행사 일정과 전체적인 진행 과정을 상의하라. 행사를 성공적으로 치루기 위한 관건은 체계적인 진행과 공신력 있는 추진 능력에 있다. 필드의 규모에 따라 준비하는 데 몇 주가 걸릴 수도 있고 몇 달이 소요될 수도 있다. 음식, 코스에 비치될 후원사 플래카드, 다양한 특별 활동, 클럽하우스로의 출입, 핸디캡 포맷, 등록, 경품, 복권 그리고 기타 다양한 사항들이 행사 준비에 포함된다. 행사 진행을 전담할 팀을 만들어 이 모임이 공신력을 가진 행사임을 충분히 알린다. 그리고 가능한 한 조기에 예산을 책정한다.

    회사의 동료나 다른 회사의 직원들을 비즈니스 골프에 초대하고 싶다면 별도로 조사해야 할 문제가 있다. 어떤 인물이 적합할지 생각해 보아야 한다. 비즈니스 골프에는 다양한 형태가 있다. 세 가지 형태로 나누어 목록을 작성해 보라. 누구를 골프 모임에 초대하든 모임을 계획한 이유가 무엇인지, 그리고 누구를 초대할 것인지 항상 꼼꼼하게 검토하라. 모임 날짜를 정할 때 중요하게 고려해야 할 사람이 있다면, 그가 무엇을 필요로 하는지 확인한 다음 행사 시간을 결정한다. 사람마다 독특한 스타일과 성격 그리고 일 처리 방식이 있다. 아래에 적힌 내용을 주의 깊게 살펴보기 바란다. 어느 한 가지 타입의 비즈니스 골퍼가 되라는 말을 하려는 것이 아니다. 이것을 읽어 보고 자신이 고객과 비즈니스 골프를 하기에 적합한지 아닌지 생각해 보기 바란다.

- **자유분방형** '무엇이든 OK'인 유형의 비즈니스 골퍼. 이 유형의 사람은 비즈니스 골프를 하는데 필요한 에티켓과 지식을 충분히 갖추고 있지 않다는 공통점이 있다. 개선하고자 하는 바램과 의지만 있다면 이 유형이 그리 나쁘지만은 않다. 이 타입의 골퍼는 약속 시간에 늦거나 체계적이지 못한 경향이 있다. 비즈니

스 골프에 자주 참여하는 과정에서 인간 관계 형성의 중요성을 차츰 인식하게 된다. 하지만 중요한 비즈니스 골프라면 이들에 대한 사전 조처를 철저히 할 필요가 있다.

● **의무형** 이 유형의 비즈니스 골퍼는 기본에 충실한 형으로 상당히 딱딱하고 엄격한 편이다. 비즈니스 골프를 일종의 의무로 생각한다. 필드에서 해야 할 역할만 할 뿐 창의적이거나 자발적인 행동은 하지 않는다. 자신의 감정을 스스럼없이 내보이며 고객과 관계를 돈독히 하는 일에 별로 신경을 쓰지 않는다. 그리고 고객의 지위 고하에 대해서도 무관심한 편이다. 정확한 시간에 도착하여 계획된 일정이 끝나면 곧바로 행사장을 떠나 버린다. 최소한도의 연습만 한다. 이런 유형의 골퍼는 비즈니스 골프 이벤트에서 다른 사람의 도움을 전혀 필요로 하지 않는다.

● **열중형** 이 유형에 속하는 비즈니스 골퍼는 매우 진지하게 게임에 임하며 승부욕이 강하다. 자신과 비슷하

거나 더 낮은 핸디캡을 가진 고객과 플레이하기를 좋아하며, 유력한 지위에 있는 사람들과 자신을 동일선상에 놓고 싶어한다. 일찌감치 클럽에 도착하여 라운드를 시작하기 전에 많은 연습을 한다. 하지만 고객이 무엇을 필요로 하는지 별로 신경을 쓰지 않는 타입이다. 고객보다는 자기 자신에게 더 관심이 많다. 이런 유형의 비즈니스 골퍼는 행사가 진행되는 동안 누군가가 자신을 도와주기를 원한다.

> **SUMMARY**
>
> **지금까지** 얼마나 비즈니스 기회를 적절히 활용해 왔는가? 기회를 제대로 살리지 못한 경우는 없었는가? 이것을 수치로 계산할 수 있는가? 이로부터 어떤 교훈을 얻었는가? 고객에게 충분한 서비스를 제공해 왔는가? 고객의 협조에 감사를 표시했는가? 특별한 골프 이벤트를 마련할 계획인가? 행사를 도와줄 만한 가장 적합한 인물로는 누가 있는가?

Point 7

예상하지 못하는 것을 예상하라
―더 이상 놀랄 일은 없다

 7번 홀

고객이 티에 공을 올려놓고 4번 아이언으로 스트로크한다. 공이 적당한 높이로 날아간다. 썩 잘 맞은 샷은 아니었지만 괜찮은 편이다. 핀을 향해 날아가던 공이 그린 앞쪽에 떨어져 한 번 튀어 오르더니 컵 안으로 빨려 들어간다! 홀인원! 에이스! 이글! 믿을 수가 없다. 믿어지지가 않는다. 고객은 기뻐 어쩔 줄 몰라 하며 홀인 된 공을 가

지러 달려간다. 이 자리가 상금과 명예가 걸린 토너먼트가 아니라는 사실이 아쉽다. 대부분의 경우엔 홀인원을 기록한 사람이 한턱낸다. 당신은 어떻게 하겠는가?

  A. 고객에게 그 자리에 있는 모든 사람들에게 한턱내라고 권유한다.
  B. 당신이 계산서를 지불하겠다고 말한다. 왜냐하면 이곳은 당신이 소속된 클럽이며 따라서 당신에게도 기쁨이기 때문이다.
  C. 서로 환호와 축하를 나누는 것으로 충분하다. 당신이 플레이해야 할 홀이 아직 남아 있기 때문이다.

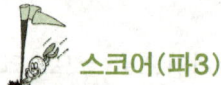

스코어(파3)

3 : A는 파이다. 대개는 이렇게 한다. 하지만 당신이 속한 클럽에서 고객이 계산하도록 내버려 두어야 할까? 고객으로 하여금 한번 정도 자신이 지불하겠다고 말하도록 하는 것으로 충분하다.

2 : B는 버디를 잡은 것이다. 왜냐하면 멋진 샷을 감상하고 기쁨을 나누는 것이 당신에게도 즐거움이기 때문이다. 계산서를 지불하겠다고 말하는 것은 당신도 고객의 기쁨에 즐거워하고 있다는 것을 보여 주는 행동이다. 대부분의 클럽에서는 현금이 아닌 카드를 이용하여 결제한다. 따라서 함께 자리한 사람이 많지 않더라도 당신이 먼저 결제하는 것이 좋다. 액수의 많고 적음은 중요하지 않다. 라운드가 끝난 다음 당신 회사의 로고가 찍힌 편지지를 이용하여 고객에게 축하 메시지를 전하라. 그리고 고객이 홀인원을 기록한 것을 공증해 줄 수 있는 방법이 없는지 클럽에 문의해 보라. 축하 메시지에는 당신도 언젠가 홀인원을 기록할 수 있기를 희망한다는 뜻을 담아 보낸다.

4 : C는 보기를 범한 것이다. 특별한 샷에 대해 아무런 특별한 노력도 보여 주지 않는 행동이다. 그 상황이 당신에게 일어났다면 어떤 기분이었을까? 고객이 함께한 자리에서 적절하게 이 사실을 다른 사람들에게도 알리는 것이 훨씬 더 깊은 인상을 주게 된다.

더 이상 놀랄 일은 없다

　내가 근무했던 보험 업종은 지금까지 꾸준한 성장세를 유지해 오고 있다. 하지만 제조업 분야는 상황이 좀 달랐다. 규모와 설비를 확장하여 이전하기까지 우리 회사의 영업 실적은 상당히 가파른 성장을 해왔다. 새로운 생산 라인을 들여올 수 있을 정도로 상황이 좋았다. 주력 통신 제품의 매출이 줄곧 안정세를 유지하고 있어서 이제 본격적인 궤도에 올랐다는 느낌마저 들었다. 그러나 이것이 반드시 좋은 것만은 아니었다. 업계 동향을 파악할 수 있는 더욱 예리한 시각이 필요했다. 항상 예상치 못한 일이 발생할 가능성이 도사리고 있었을 뿐 아니라 또 현실로 나타났기 때문이다.

　우리 제품은 테스트 및 모니터링 장비의 시장 변화와 매우 밀접한 관련이 있다. 군대가 우리의 중요한 고객이었기 때문에 국방 예산의 증가는 우리에게 확실히 유리하게 작용했다. 시장이 커진다는 것은 상당히 고무적인 일임에 틀림없다. 이것은 미국 정부의 국방력 강화 정책과 맞물린 변화였다. 결과적으로 매출 증대가 이어졌으며 우리는 더 많은 직원을 채용했다. 그리고 그 후 몇 년간 일반 기업 고객들로부터의 주문량도 훨씬 늘어났다.

  국방력 강화 정책과 교황 요한 바오로 2세의 영향력이 독일의 베를린 장벽과 구소련의 붕괴를 재촉했다. 힘을 통해 평화를 얻은 것이었다. 이런 일련의 변화는 확실히 놀랍기 그지없는 일이었다. 바로 몇 년 전 까지만 해도 이런 일이 일어나리라고 누가 상상이나 할 수 있었겠는가? 그리고 또 다른 전혀 예상치 못한 일이 일어났다. 상승세를 달리던 우리 회사의 매출 그래프가 방향을 꺾을 수밖에 없도록 만든 일련의 여파들이 몰려왔다. 두 초강대국 사이의 첨예한 대립이 막을 내리면서 군비 삭감이 이어졌다. 그 당시 업계에 알려지지는 않았지만 우리 회사는 생산라인을 감축해야 했으며, 이 상황은 그 후 몇 년 동안 계속되었다. 비록 경쟁이 더욱 치열해지긴 했지만, 정부가 운영을 담당했던 여러 부문들이 민영화됨으로써 우리에게 새로운 기회가 찾아왔다.

  이런 변화는 사업 발전뿐 아니라 비용 절감에도 도움이 되었다. 매출이 늘어나기 시작했다. 하지만 이런 상황 속에서 우리에게 가장 중요한 것은 바로 양질의 제품을 적절한 가격에 제때 운송할 수 있는 능력이었다. 우리는 몇

몇 고객 기업으로부터 제품의 품질을 인정한다는 인증서를 받기도 했다.

이러한 가운데 나는 점차 최악의 시나리오를 상정하고 이에 대비해야 한다는 생각을 하게 되었다. 언제든 뜻밖의 일이 발생할 수 있으며, 자신의 사업 분야를 아는 것만으로는 충분하지 않기 때문이다. 두려움과 대면할 줄 알아야 한다. 자신의 강점과 약점을 모두 알아야 한다. 어려운 시기가 닥칠 것에 대한 준비를 항상 갖춰야만 예상치 못한 일이 발생했을 때 보다 효과적으로 대응할 수 있다.

TIPS 당신은 자금 흐름이 원활하지 못한 경우를 위한 대책을 마련해 놓았는가? 업종에 상관없이 도움이 될 만한 몇 가지 제안을 적어 보았다.

- 각종 사용료, 대출금 상환, 임대 비용, 전화 요금 등 매달 고정 지출 비용을 별도로 책정하는 것처럼, 예산 항목에서 '여유 자금'을 별도로 책정한다. 매달 전체 매출액에서 1% 내지 3% 이상의 금액을 이 항목

으로 저축한다. 이 금액을 고정 항목으로 정해 두고,
비상 상황이 발생할 경우를 위한 충분한 대비가 될
때까지 자금을 축적한다.

● 예상치 않게 비용을 줄일 수 있었던 경우, 공급 물품
의 가격 할인으로 생긴 차액, 매각으로 들어온 자금
혹은 기타 수입을 여유 자금 항목에 포함시킨다. 그
리고 자금이 원활하게 유통될 수 있도록 자재 구매
담당 부서는 적절한 시간 간격을 두고 물품을 구매하
되, 필요한 물품을 구매하는지 지속적으로 확인한다.
그리고 정확한 재고 파악과 비수기에 대비한 조치를
마련한다.

● 비용 지출이 정확하게 이루어지도록 하기 위해 보험,
전화세, 소프트웨어 그리고 복사 등 고정 지출을 전
체적으로 검토한다. 대금을 지불하기 전에 청구서를
세심하게 체크하며, 신뢰할 만한 공급자와 거래하고
있는지 확인한다. 회사의 직원이나 외부 전문가를 고
용하여 자금 지출 상황을 검토한다. 일반적으로 기업

비용 절감 전문가는 한두 해 정도에 해당하는 기간 동안의 비용 절감 액수 가운데 일정 비율을 대가로 받는다.

- 당신은 수입 지출 계정을 어떻게 관리하는가? 새 고객과 거래를 하는 경우, 금전적인 문제가 발생할 상황에 대비하여 가능한 한 많은 정보를 수집해 두어야 한다. 이것은 만일의 경우를 위한 대비책이다. 고객이 언제 대금을 지불할 것인지 확인하고, 지불 내역서 사본을 보관한다. 이렇게 함으로써 최소한의 은행 거래 내역을 정리해 둘 수 있다. 30일 이상 대금 지불을 연기하는 고객의 명단을 목록으로 작성하고, 전화를 통해 이유를 확인한다. 전화 통화를 함으로써 대략적인 상황을 알 수 있으며, 때로 입금액이 부족할 수밖에 없었던 이유를 알 수 있다. 내역서를 정리해 두지 않으면 그 동안의 대금 지불에 관한 내용을 증명할 수가 없다. 이런 경우 자료 수집 전문가에게 의뢰하거나 변호사 선임 여부를 고려해야 한다.

● 회사의 직원들이나 동업자는 어떤가? 그들의 사적인 용무가 업무에 영향을 미치는가? 만약 그렇다면 이로 인해 어느 정도 시간을 빼앗기는가? 얼마나 업무에 영향을 미치는가? 생산성에 많은 손실을 가져오는가? 염려스러울 정도인가? 직원의 개인 부채가 전체 소득과 맞먹는다면 회사가 도와줄 방법은 있는가?

> **SUMMARY**
>
> **항상** 선택의 여지를 남겨 두라. 언제 기회가 다가올지 아무도 모른다. 고객 혹은 좋은 정보를 제공해 줄 수 있는 사람들과 골프를 하는 동안 찾아올 수도 있고, 사람들과의 인맥을 통해 기회가 올 수도 있다.

Point 8

가진 것을 충분히 활용하라
— 추측은 금물이다

 8번 홀

지금까지 당신은 두 개의 홀에서 연이어 좋은 스코어를 기록했다. 이번 홀에서 두 번째 샷이 러프와 붙어 있는 페어웨이 가장자리에 떨어졌다. 공을 치기 위해 어드레스를 하는 도중, 그만 클럽으로 공을 건드리는 바람에 공이 원래 위치에서 약 1인치 정도 움직였다. 이 경우 골프 규칙에서는 스트로크를 한 차례 한 것으로 인정되어 페널티를

부과한다.

A. 걱정할 필요 없다. 고객이 페어웨이 반대편에 있기 때문에 이 장면을 보지 못했을 것 이다.
B. 이 사실을 알려 주긴 하겠지만 라운드를 좀 더 진행한 다음 말할 것이다.
C. 즉시 이를 스코어에 반영한 다음 공을 스트로크한다.

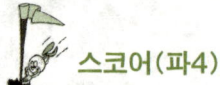
스코어(파4)

5 : A는 보기를 범한 것이다. 상대를 속인 사실이 나중에라도 당신의 마음을 불편하게 할 것이다. 또 이것이 나쁜 습관이 될 수도 있다. 사실을 숨길 수 있다 하더라도 게임을 하는 동안 줄곧 뇌리에 남아서 골프에 집중하지 못하게 될 것이다. 더 심각한 문제는 고객이 이 사실을 알고 있을 지도 모른다는 사실이다! 왜 이런 위험을 자초하는가? 스코어에 샷 하나를 더 보태는 것에 불과하다고 생각하면 그만이다. 페널티를 감수하면 그뿐이다. 정직한

행동은 그 사람의 성격을 말해 준다. 정직한 행동이 마음을 편안하게 하고 남은 라운드를 더 잘 할 수 있는 길이다. 당연히 해야 할 일을 했기 때문이다.

4 : B는 파이다. 하지만 중요한 것은 즉시 그 사실을 말해야 한다는 것이다. 지체하지 마라. 당장 말해 주지 않은 이유에 대해 고객이 의아해할 지도 모른다. 몇 개의 홀을 끝마친 다음 말했다면 더욱 그렇다. 빨리 털어 버리고 게임에 열중하라!

3 : C는 가장 바람직한 행동으로 버디를 잡은 것이다. 누구나 이렇게 할 수 있는 것은 아니다. 이런 행동이 결과적으로 당신에게 유리하다. 실수한 스트로크를 자발적으로 인정함으로써 당신은 규칙에 따라 플레이를 했을 뿐 아니라 홀가분한 마음으로 기분 좋게 플레이를 할 수 있게 되었다. 골프는 정신적인 안정이 중요하기 때문에, 자연히 남은 플레이를 편안하게 진행할 수 있게 된다. 무엇보다 고객이 당신의 행동을 잊지 않을 것이다.

추측은 금물이다

내가 사업을 시작하면서 얼마나 많은 실수나 판단착오를 했는가에 대해 새삼 말할 필요는 없을 것이다. 직원의 신분으로 실수를 하는 것과 회사 경영주 입장에서 실수를 지켜보는 것과는 사뭇 다르다. 하지만 누가 실수했든 그것이 되풀이되지 않도록 하는 것이 중요하다.

최고 관리자층이 얼마나 긍정적인 태도로 문제에 접근하는가에 따라 업무 환경이 달라진다. 관리자층이 먼저 좋은 본보기를 보여야 한다. 팀워크, 대화, 열린 자세를 선호하면 직원들도 따라오게 마련이다. 당황하거나 모욕당하는 것을 좋아할 사람은 아무도 없다. 하지만 예상하지 못한 일이 늘 일어나게 마련이다. 그것도 모두가 지켜보는 가운데 말이다. 모든 직원들이 자신의 업무와 역할을 이해하고, 이것이 회사의 목표와 직결된다는 사실을 인식하는 것이 중요하다. 또한 모든 직원들에게 과감하게 상황에 대처하고 사실을 솔직하게 인정할 줄 아는 자신감을 심어 주어야 한다. 거짓말이 문제의 근본적인 원인이 될 수 있다. 책임 추궁에 대한 두려움이 없는 개방적인 분위기가 직원이나 고용주 모두를 심장병이나 두통으로부터 해방시켜 줄 것이다. 사업을 하는 사람에게 가장 큰 자산은 직원을 하나로 결집시키고 관심과 대화를 공유하도록 만드는 일이다.

의사 전달이 원활하지 못한 경우가 흔히 있다. 우리 회사는 생산 부문과 행정 부문, 기술부, 애프터서비스, 계약 및 영업부, 컴퓨터 정보 시스템, 재무 회계, 견적부, 물품 구매부, 품질 관리, 운송부 등 여러 개의 부서로 나뉘어 있었는데, 몇 년 동안 각 부서와 직접 만나는 것을 회사 방침으로 삼았다. 하지만 이런 개별 접촉 방식이 형식적인 틀 속에서 이루어 것은 아니었다. 이러한 만남을 통해 각 부서의 업무 상황을 그때그때 즉시 파악할 수 있었다. 하지만 비슷비슷한 정보들이 지나치게 중복 보고됨으로써 오히려 의사소통에 장애가 되거나, 중요한 정보가 방치되는 경우가 있었다. 처음 의도는 좋았지만 전체적인 분위기가 느슨해지는 결과를 가져왔다. '지레짐작' 혹은 다른 부서도 알고 있을 것이라는 넘겨짚기 식의 업무 분위기가 은연중에 생겨났다. 결과적으로 잦은 실수와 오해가 발생했다.

우리는 다른 방법을 찾아야 했다. 모든 부서의 책임자

들이 참석하는 주례 회의를 열었다. 그리고 회사 내부의 핵심 인물들을 '조언자 그룹'으로 하는 팀을 구성했다. 이 조언자팀 회의는 매주 초에 열렸으며 회의 시간은 한 시간을 넘지 않았다. 각 부서의 책임자들도 함께 참석했다. 참석자 누구나 조언자로서 자유롭게 의사를 말하고 대안을 제시하는 역할을 담당했다. 참석자들은 각자 진행 중인 업무에 대한 리스트와 다음 두 주일간의 단기 목표를 정하고, 토론할 필요가 있다고 판단되는 문제를 개진하고 의견을 제시했다. 각 부서의 책임자들은 현안 문제, 업무 처리의 우선 순위 그리고 미해결 문제에 대한 모든 정보를 공유했다. 때로 다른 부서의 문제를 해결하는데 도움이 될 만한 좋은 의견이 나오기도 했다. 모든 직원들이 회사의 상황을 잘 알 수 있었기 때문에 효율적인 경영이 가능했다. 그리고 유연한 태도가 여러 가지 변화를 가져왔다. 회의를 통해 지시와 지원이 이루어졌다. 의사소통이 눈에 띄게 원활해졌기 때문에, 실수와 착오가 줄어든 반면 물품 선적이 신속하게 이루어졌다. 이로 인해 매출이 향상되었을 뿐 아니라 정보의 신뢰성과 정확성을 높일 수 있었다. '지레짐작' 식의 업무 태도를 불식하게 된

것이다.

TIPS 기업이 주어진 임무를 달성하기 위해서는 정확한 내부 대화 채널이 중요하다. 직원 누구나 자신의 역할이 있으며 그 역할이 어떤 영향을 미치는지 알고 있다. 밑그림을 정확하게 그리기 위해서는 가능한 한 많은 사람이 대화에 참여하는 것이 중요하다. 조언자 팀 회의에 관해 다음과 같이 정리해 보았다.

- 토론 일정과 내용을 작성한다. 회의 진행 시간과 참석자의 발언 시간을 정한다. 누구나 의견을 개진하고 창의적인 생각을 발표할 기회를 준다. 진행 중인 계획을 검토하고 그 다음 한두 주 동안의 목표를 정한다.

- 당신이 먼저 행동으로 내부 대화 채널을 활성화하고 직원들의 적극적인 참여를 유도한다. 직원들로 하여금 자신에 대해 확신을 가지고 결정을 내릴 수 있도록 한다. 이를 위해 훈련 프로그램을 운영하는 대학이나

민간 교육 기관을 활용하는 것도 좋은 방법이다.

● 대개의 회사들이 직원들로부터 의견을 구한다. 회사가 직원의 의견을 중요하게 생각한다는 것을 보여 주기 위해서는 직원들의 아이디어가 신속하게 현업에 반영되어야 한다. 지체하지 말고 행동하라. 이것은 회사가 직원의 의견을 존중한다는 것을 보여 주는 것이다.

● 형식은 잘못된 결과를 낳는다. 서면 형식을 갖추지 않고도 의견 개진이 가능하도록 해야 한다. 일 대 일 면담이나 그룹 회의 시간에 자유로운 분위기 속에서 구두로 의견을 제시할 수 있게 한다. 어떤 의견이든 편안하게 말할 수 있다는 것을 보여 준다. 특정 아이디어가 좋은 결과를 가져온 경우, 금전적인 인센티브를 제공하거나 이로 인해 발생한 이익의 일부를 포상으로 지급함으로써 동기를 유발한다. 이렇게 하면 모든 직원들이 자유롭게 의견을 발표하도록 유도할 수 있다. 참신한 방법을 개발하라.

SUMMARY

좋은 아이디어를 얻기 위해서는 많은 대화를 나누는 것이 중요하다. 대화는 회사 내의 문을 활짝 열 수 있도록 해준다. 자신의 생각을 발표하도록 장려하기 위해 정기 모임을 활성화하고 진행 중인 사업계획을 지속적으로 검토한다. 당신은 새로운 아이디어를 어떻게 받아들이는가? 골프가 끝난 후 점심식사를 하면서 다른 사람의 시각과 의견에 주의를 기울인다.

창조적인 사람이 되라
― 고정관념을 던져 버려라

9번 홀

 고객이 티잉 그라운드에서 연습 스윙을 하는 동안 당신은 실력을 점검해 보기 위해 드라이브로 스윙을 좀 해야 하겠다는 생각을 한다. 팔로우스루를 잘해 보고 싶다. 고객은 스트로크할 자세를 취하는 동안, 당신은 스윙하던 것을 멈춘다. 드라이버 샷을 할 것에 대비하여 골프 가방 속에 든 장비를 점검해야겠다는 생각이 든 것이다. 소리를 내지 않기 위해 주의하지만, 고객이 드라이버 샷 자세를 취하는 동안 계속 가방을 뒤적인다. 고객이 소리에 신경 쓰지 않을 것이라고 생각한 것이다.

A. 전혀 고객에게 폐를 끼치는 행동이 아니다.
B. 소음을 내서는 안 된다는 것을 알고 있지만 이렇게 하면 약간의 시간이라도 줄일 수 있다고 생각한다.
C. 참을성 있게 기다린다.

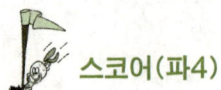
스코어(파4)

5 : A는 보기를 낸 것이다. 당신의 행동은 고객에게 성가시게 여겨질 것이다. 당신이 스윙을 잘 하려고 노력하고 있다는 사실은 중요하지 않다. 스윙을 멈추고 클럽이나 공을 옮기는 등의 행동도 해서는 안된다. 당신이 공을 스트로크하려는 순간에 고객이 이렇게 한다면 어떻겠는가? 용납될 수 없는 행동이다.

4 : B는 파이다. 생각만으로는 충분하지 않다. 정리하고 싶은 충동을 누르고 조용히 기다려야 한다. 몇 초만 기다리면 된다.

3 : C는 버디를 기록한 것이다. 이삼 초 정도의 시간조차 기다리기 힘들 때가 있지만 사소한 일로 문제를 자초할 필요는 없다. 고객이 당신의 행동에 고마워할 것이다. 공연한 행동으로 상대를 불쾌하게 할 필요는 없다.

고정관념을 던져 버려라

누구나 좋은 아이디어를 생각해 낼 수 있다. 언제 어느 곳에서 일하든 나는 새로운 제품이나 서비스에 관한 아이디어를 찾기 위해 고심했다. 직접 회사를 경영하면서부터는 생산 방법이나 절차를 개선할 수 있는 새로운 방법, '백만 달러의 가치'를 가져올 수도 있는 방법을 테스트하는데 열중했다. 비록 정식적인 의견 개진 형식을 갖추지는 않았지만, 우리는 매년 네 차례 모든 직원이 자신의 업무에 관해 토론할 수 있는 회의를 열었다. 이것은 시간이 상당히 걸렸지만 궁극적으로 긍정적인 결과를 가져다주었다. 생산라인의 일부를 감축하거나 통합할 수 있는 아이디어가 나오기도 했으며, 좀 더 효율적인 장치 개발에 관한 아이디어를 통해 작업 효율의 증대를 가져오기도 했다. 결코 회사 내부의 의견을 간과해서는 안 된다. 지위의 고하나 역할의 중요성은 문제가 되지 않는다. 새로운 시각과 통찰력이 중요한 문제를 해결하는 열쇠가 되기 때문이다.

우리는 가끔 새로운 제품 아이디어를 얻기 위해 고객을 만나기도 했다. 개선되어야 할 필요가 있는 부분이 무엇인지 혹은 서비스에서 문제가 있는지에 관해 질문했다. 또한 우리가 놓치고 보지 못한 문제가 없는지 유의했다. 만약 이렇게 하지 않았다면, 많은 자금과 시간을 들이고도 기껏 다른 사람이 똑같은 아이디어를 먼저 개발했다는 사실만 확인해야 했을 지도 모른다. 세밀하게 조사해야 한다. 특허에 관해 인터넷이나 특허 전문가의 도움을 구하라. 새로운 아이디어에 흥분한 나머지 핵심적인 문제를 간과해서는 안된다. 항상 열린 마음을 가지고 건설적인 비판을 사심 없이 받아들여야 한다. 이것이 사업이다.

새로운 아이디어를 공개하기 전에 먼저 비밀을 보장하겠다는 동의서에 서명을 받아 두는 것이 중요하다. 얼마나 오랜 기간 친분을 쌓아온 사람이든 상관없이 이것은 결코 소홀히 할 수 없는 문제이다.

TIPS 당신은 아이디어가 떠올랐을 때 모든 사항을 꼼꼼하게 목록으로 작성해 두는가? 다음 내용을 살펴보기 바란다.

- 아이디어가 떠오른 순간 기록한다. 여러 가지 장단점을 목록으로 작성한다. 현재 해결하려고 노력하는 문제가 무엇인가? 어디에서 그 아이디어를 처음 떠올렸는가? 특허에 관한 조사를 했는가? 특허법은 정식으로 신청하고 인정을 받은 사항에 대해서만 권리를 인정하고 있다. 상세한 정보가 필요하다면 다음 사이트를 검색해 보기 바란다.
www.uspto.gov/web/offices/pac/doc/general

● 철저한 시장조사를 했는가? 다른 사람들로부터 의견을 구했는가? 당신의 아이디어에 관해 비밀을 지키겠다는 동의서를 받아 두었는가?

● 주요 고객이나 공급자를 비롯한 다른 사람의 의견을 수렴하라. 건설적인 비판에 마음을 열어라. 다른 사람의 서비스와 제품, 회사나 업계의 동향에 관해 조사하고 연구하라. 다른 사람의 말에 귀를 기울여라. 이렇게 함으로써 많은 돈을 들이지 않고도 좋은 아이디어를 얻을 수 있다.

● 기사나 칼럼 혹은 책을 써 본 적이 있는가? 이에 관한 권리를 보장받고 있는가? 저작권법에 관해 알고 있는가? 관련 서적이나 인터넷 사이트를 통해 상세한 참고자료를 수집하라.

● 다른 사람이 어떻게 새로운 아이디어를 발견할 수 있었는지, 특히 당신에게 동기와 자극을 주는 사람이 성공할 수 있었던 원인에 관한 사례들을 스크랩하라.

SUMMARY

창조를 위해 보내는 시간은 가치가 있다. 항상 가능성을 열어 두라. 비즈니스 골프를 위한 일정을 적절하게 배분하라. 토너먼트나 프로·암 대회에 참가하며, 다른 골프 클럽에서 개최되는 회원 이벤트를 활용하라. 초대에 기꺼이 응하라.

제발 기록하는
습관을 들여라
―종이 없는 사회라니…

10번 홀

 코스에서 홀을 시작할 때는 항상 그 홀의 거리와 배치에 관한 내용이 적힌 표지판이 있다. 홀 아래쪽으로는 페어웨이에 스프링 쿨러 꼭지가 일정한 거리를 유지하면서 그린 주변으로 줄지어 있다. 이번 홀에서 멋진 드라이브를 한 후 당신은 두 번째 샷을 어떻게 할 것인지 결정해야 한다. 이번에 남은 거리가 135야드이다. 공을 스트로크했지만 약간 짧은 샷이었다. 공이 퍼팅 그린 오른쪽으로 떨어지고 말았다. 그린이 좁다. 그래서 당신은 피칭 웨지를 이용하여 공을 띄워서 핀 근처에서 멈추도록 할 생각이다. 스윙을 하면서 자신도 모르게 머리를 들었기 때문에 공이 그만 그린을 넘어가고 말았다. 기분이 상한 당신은 골프 에티켓에서 벗어나는 말을 짧게 내뱉었다. 당신이 언짢아하는 모습에 고객이 놀란 표정을 짓는다. 당신은 어떻게 하겠는가?

A. 그 자리에서 즉시 사과하고 곧바로 다음 샷을 한다.
B. 그 홀이 끝난 후 사과한다. 고객도 언짢아하는 것 같기 때문이다.
C. 클럽을 내던지는 등의 행동을 한 것이 아니라 단순히 짜증을 낸 것에 불과하기 때문에 괜찮다고 생각한다.

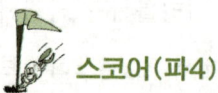
스코어(파4)

3 : A는 버디이다. 당신은 문제에 즉각적으로 대처했다.

4 : B는 파이다. 비교적 바람직하게 행동했다. 고객이 대수롭게 생각하든 안 하든 상관없이 사과를 해야 한다. 이런 행동은 당신이 자신의 행동에 책임을 지는 사람이라는 것을 뜻한다.

5 : C는 보기이다. 고객이 말로 표현하지 않아도 이것은 심각한 문제를 유발할 수 있는 행동이다. 비록 고객이 이전 홀에서 당신과 마찬가지로 예의에 어긋난 행동을 했다 하더라도, 당신의 행동이 용납될 수 있다고 생각해서는 안 된다. 당신이 화가 났다는 사실은 중요하지 않다.

종이 없는 사회라니…

업계의 세미나, 박람회 혹은 비즈니스 회의에 참석한 후 당신은 무엇을 하는가? 당신이 기록해 둔 내용들을 다시 검토하는가? 좋은 아이디어를 떠올리는 실마리가 될 수도 있는 중요한 내용을 세심하게 살펴보는가 아니면 아예 기억에서 잊어버리는가?

평소에 기록해 둔 내용이나 일정표를 꼼꼼히 체크하는

습관을 통해 좋은 경험을 많이 할 수 있었다. 무엇이든 적어 두고 기록하는 습관을 들이면 일을 체계적으로 처리할 수 있을 뿐 아니라 시간과 노력을 절약할 수 있다. 일의 우선 순위를 파악할 수 있기 때문이다.

금융 분야 특히 보험 업종에서는 상당히 많은 정보가 필요했다. 회사의 중요 부서들이 이 부문을 담당했다. 회사 방침에 따라 고객이 보상 이유와 상황을 쉽게 이해할 수 있도록 설명해 주어야 한다. 나는 도움이 될 만한 생각을 떠올리는 방편으로 여러 가지 사항들을 꼼꼼히 기록했다.

제조업 분야 회사를 경영할 때 우리는 모든 직원들에게 생산 공정 하나하나를 상세히 정리하도록 했다. 생산 부문뿐 아니라 우리도 마찬가지였다. 컴퓨터가 오작동을 일으키면 신속하게 프로그램 설정 설명서를 참조할 수 있었다. 이렇게 함으로써 우리는 안심하고 업무의 진행 상황을 일목요연하게 파악할 수 있었으며, 중요한 인력이 갑자기 회사를 떠나는 경우에도 축적된 자료정보를 활용하여 새로운 인력을 훈련시킬 수 있었다.

제품 생산, 행정 업무, 자재 구매, 엔지니어링, 설계, 반품, 안전 그리고 제조 공정 등을 정리한 매뉴얼을 이용하여 품질관리가 이루어졌다. 새로운 변화가 생기면 반드시 매뉴얼의 내용을 수정했다. 이 일은 해당 부서가 담당했다. 비록 시간과 자원이 소모되기는 했지만 업무를 조직적으로 처리하고 신뢰성을 확보할 수 있었으며, 회사의 방침과 업무 진행 절차에 대한 믿을 만한 참고자료로 활용할 수 있었다.

예를 들어, ISO 9000 인증을 이미 획득했거나 현재 인증을 받기 위한 과정에 있는 제조업체, 서비스 회사, 보험사들이 많이 있다. ISO(International Organization of Standards)는 그 회사의 실제 업무와 진행 절차를 가시화한 공식 자료이다. 이것은 내부의 조직적인 업무 처리와 책임성을 명확히 하는데 도움이 된다. 또한 실제 관리 시스템을 체계화하는 일에 앞서 있다는 것을 보여 주는 것이다. ISO이든 아니면 다른 문서화된 품질관리 시스템이든 이것은 일상의 업무에 대한 중요한 지침서가 된다. 그리고 당신은 말한 것을 반드시 기록으로 남기는 사람이라는 사실을 보여 주는 것이기도 한다.

TIPS 당신은 업무 과정을 정리하는가? 특히 중요한 인력이 퇴사할 경우를 대비한 백업 자료를 가지고 있는가? 당신의 사무실은 얼마나 체계적으로 움직이며 신속하게 필요한 자료를 찾아내는가? 다음 내용을 참고하기 바란다.

업무가 어떤 과정을 거쳐 처리되며 누가 그 일을 담당하는가? 어떤 부문에 강하고 어떤 부문에 취약한가? 이것을 기록으로 정리하는가? 중요 인력이 회사를 그만두는 경우 자료 정보도 함께 사라지고 마는가?

비즈니스 활동의 근거가 되는 중요한 부분을 문서화하여 품질관리를 체계화한다. 여기에는 계약 관리, 영업, 자재 구매, 제품 선적, 고객 관리 그리고 기타 여러 가지 행위들이 포함된다. 이 일이 비록 많은 시간과 노력 그리고 문서화하기 위한 정리 작업을 요하지만, ISO 9000은 회사의 업무 진행 과정과 절차 그리고 각 부서의 책임성을 명확히 할 수 있는 업무 시스템이다.

컴퓨터 시대에 무슨 종이 작업이냐고 거부감을 느끼는 사람이 있을 것이다. 첨단 기술은 그 대상에 상관없이 눈으로 읽고 귀로 듣는 모든 것에 대해 '종이 없는' 사회 – 정보화 시대-를 강력히 지향하고 있다. 사무실이나 회사 내에 산더미같이 쌓인 서류로부터 벗어나고 싶다면 자료정리 전문가의 도움을 받기 바란다. www.thepapertiger.com에서 이에 관한 유용한 정보를 얻을 수 있다.

체계적인 정리가 시간을 아껴 준다. 리차드 코흐가 쓴 〈80/20원칙 : 적게 들이고 많이 거두는 비결〉이라는 책에서 소개한 '파레토 원칙(경제학자 빌프레도 파레토)'을 눈여겨볼 만하다. 예를 들어 고객의 20%가 회사 매출의 80%를 차지한다는 것이 파레토 원칙의 핵심이다. 실제 나의 경우도 그랬다. 이 책은 비즈니스에서 터무니없이 많은 시간, 어쩌면 전체의 80%나 되는 시간을 기껏해야 수지나 겨우 맞추는 분야에 쏟아 붓고 있다고 말한다. 어느 한 분야에 초점을 맞추고 체계화하며, 이것을 문서화함으로써 시간을 절약해야 한다. 중요한 것은 자신에게 유익하고 즐거운 일을 할 수 있어야 한다는 것이다.

업무상 자주 고객을 방문해야 한다면 기다리는 시간을 활용하여 업계 관련 기사나 자료를 읽는다. 자료를 읽는 동안 떠오른 생각이나 아이디어를 항상 그때그때 기록해 둔다. 혹은 기다리는 시간 동안 그 자리에 함께 있는 사람들과 인사를 나누고 자신을 알리는 것도 좋다. 또는 다음에 처리해야 할 일에 관한 목록을 다시 체크할 수도 있다.

> **SUMMARY**
>
> **시간을** 절약할 수 있는 가장 좋은 방법은 체계적인 정리이다. 일의 우선 순위를 정하여 메모하고 매일 이것을 확인한다. 차 안에 항상 메모지와 필기도구를 비치해 둔다. 당신이 속한 조직 내에 있는 사람들 혹은 존경하는 전문가로부터 조언을 구한다. 항상 기본적인 중요 사항들을 기록한다. 특히 일이 뜻대로 순조롭게 진행될 때 기본 사항을 점검하는 것이 중요하다. 이것은 필드에서 플레이가 순조롭게 진행되는 동안에도 마찬가지다. 항상 기록하는 습관을 가져라. 일이 계획대로 되지 않을 때 이전의 긍정적인 경험들이 좋은 아이디어를 얻을 수 있는 참고자료가 되어 줄 것이다.

Point 11

자원을 최대한 활용하라
— 올바른 도움을 구하라

11번 홀

고객이 당신이 속한 골프 클럽 운영 위원회의 위원이라는 사실을 알게 되었다. 운영 위원회가 무슨 일을 하는지에 관해 서로 이야기를 나눈다. 운영 위원회가 다른 클럽의 회원들과 만나 경험이나 정보를 서로 교환할 수 있는 좋은 기회를 마련해 주어야 한다는 점에 의견을 같이 한다. 그런데 이렇게 이야기를 나누는 동안 당신은 그만 고객이 바로 이전 홀에서 얻은 스코어를 잊어버리고 말았다. 고객의 스코어가 상당히 좋지 않았다는 것만 기억날 뿐이다. 당신은 어떻게 하겠는가?

A. 나중에 고객에게 스코어를 묻는다.
B. 대략적인 숫자를 기록한 다음 이에 대해 거론하지 않는다.
C. 고객의 스코어가 나쁘기는 했지만 상관하지 않고 즉시 묻는다.

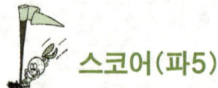
스코어(파5)

5 : 한 홀 이상 미루지만 않는다면 A는 파이다. 하지만 기다려야 할 이유가 있을까? 말하기 곤란하다고 생각하는가? 크게 실례가 아니라면 그 다음 홀이 끝났을 때 고객에게 스코어를 물어서 두 홀의 스코어를 함께 기록한다.

6 : B는 보기를 낸 것이다. 나중에 말하면 오히려 더 어

색할 수 있다. 고객이 플레이를 순조롭게 풀어가지 못하는 경우 더욱 그렇다. 그 자리에서 즉시 물어보라. 그리고 한 홀이 끝나고 다음 홀에서 티 샷을 하기 전에 항상 스코어를 기록하는 습관을 들이라. 스코어를 기록할 때는 다음에 플레이할 사람에게 방해가 되지 않도록 그린에서 충분히 떨어진 위치에서 해야 한다. 이렇게 적절하게 처신함으로써 무리 없이 플레이를 진행할 수 있을 뿐 아니라, 당신이 예의 바르면서도 일을 체계적으로 처리하는 사람이라는 인상을 주게 된다.

4 : C는 버디를 낚은 것이다. 상황에 명쾌하게 대처했다. 스코어가 좋고 나쁜 것은 문제가 되지 않는다. 스코어카드에 기록한 후 곧바로 다음 홀로 옮겨간다.

올바른 도움을 구하라

이전에 근무한 적이 있었던 보험회사의 경우 개인 고객과 회사 고객, 두 종류의 고객이 있었다. 내가 직접 경영자로 참여한 제조업 분야에서도 기업 고객과 정부, 두 종류의 고객이 있었다. 정부 관련 부문은 상당히 많은 보고서를 요구했다. 물품 주문, 가격 산출 근거, 시세 정보 등에 관한 요구가 무척 까다로웠다. 이런 복잡한 절차와 요구 사항은 비용 상승 요인이 되기 때문에 아예 정부 입찰에 참여하지 않는 쪽을 택하는 회사들이 많다. 우리는 지나치게 많은 설계 설명서와 절차를 줄이기 위해 몇 년 동안 노력했다. 진전이 있었다. 정부도 여러 부문의 업무와 서비스를 민간 기업에게 아웃소싱을 주었다. 이를 통해 시간과 비용이 절감되었다.

정부 기관에서 근무하든 일반 기업체에서 일하든 도움이 될 만한 규칙, 조정 사항, 지침 혹은 정보 자료가 있게 마련이다. 세미나에 참석하여 최신 정보를 입수하고 인간 관계를 형성하는 것이 큰 도움이 된다. 우리의 경우 최소 비용으로 정부 표준과 설계 설명서를 입수했다.

적절한 형식과 체계를 마련하기만 한다면 정부는 뛰어난 사업 동반자가 될 수 있다. 우리는 한번도 어음을 결제 받지 못한 적이 없었다! 몇 차례 업무 경험을 통해 시스템을 익히면, 이것이 그대로 정해진 틀이 되어 비즈니스의 한 부분으로 자리잡게 된다.

제품 구매 담당 부서와 지속적인 관계를 유지하는 것이 중요하다. 사무실을 방문하여 긴밀한 관계를 유지해야 할 인물이 누구인지 알아야 한다. 입찰이나 주문을 위해 필요한 절차를 검토한다. 웹사이트나 출판물 같은 도움이 될 만한 자료들을 찾는다. 여기서 한 가지 기억해야 할 것은 정부는 일반 기업과 다르다는 사실이다. 다른 의미의 관계가 요구된다. 일반 기업과는 달리 정부의 핵심 결정권자와 직접 만날 수 없는 경우가 대부분이다. 하지만 기존의 자원과 정보를 활용하여 진행 과정을 이해하고 어떻게 결정이 이루어지는지 이해해야 한다.

TIPS 현재 정부 기관과 거래하고 있거나 앞으로 거래할 예정이라면, 서비스나 제조업 혹은 그 외 다른 분야에 종사하든, 또는 자영업이나 컨설턴트에 종사하든 상관없이 당신에게 도움이 될 만한 몇몇 기관이 있다. 예를 들어 정부 조달 기술 자문 법인(PTAC)이 전국에 걸쳐 사무소를 운영하고 있다. 이 기관은 정부 입찰에 참여하기 위해 필요한 자세한 정보를 제공한다. 설계 설명서, 표준 그리고 정부의 각종 입찰에 참여하기 위해 필요한 좋은 정보를 입수할 수 있다. 일이 진행되는 상황을 알기 위한 지속적인 노력이 있어야만 기회가 찾아온다. 몇 가지 고려해야 할 사항을 다음과 같이 정리해 보았다.

- 제품이나 서비스를 점검하고 이것을 최대한 명료하게 제시할 수 있는 핵심어를 정하라. 정부와 일할 수 있는 기회를 찾는데 인터넷이 좋은 출발점이 된다. http://dodbusopps.com나 정부 정보사이트 www.business.gov. 혹은 http://nais.nasa.gov/fedproc/home.html를 참고하기 바란다.

- PCAC에서 정부 조달 담당 기관을 선택하는 진행 절차에 관해 상세한 정보를 얻을 수 있다. 하지만 필요한 도움을 받는다 하더라도 입찰 프로젝트의 항목과 조건에 맞춰 일을 진행할 책임은 바로 당신에게 있다.

- 정부 기관과 일하는 회사를 알고 있다면, 그 회사 담당자를 만나 경험을 들어보는 것도 좋다. 이 분야의

지식과 경험을 갖춘 유능한 컨설턴트를 고용하는 것도 고려해 볼 만하다.

> **SUMMARY**
>
> **중앙 정부나** 지방 정부에서 운영하는 기관으로부터 많은 유용한 정보를 입수한다. 예를 들면 회사가 소재하고 있는 지방 정부 기관 웹사이트를 통해 새로운 사업 기회를 착안할 수 있는 정보를 얻거나, 좋은 아이디어나 경쟁력을 확보할 수 있는 분야를 발견하게 될 수도 있다. 경우에 따라 자금 지원을 받을 수도 있다. 골프 클럽을 비롯한 여러 기관에서 후원하는 세미나, 회의 그리고 워크샵에 참석한다.

Point 12

조직의 문제를 명확히 파악하라
― 비즈니스로부터 최대한 얻어 내야 한다

 12번 홀

   고객이 샷을 한 공이 페어웨이에서 멀리 벗어난 러프에 떨어졌다. 당신은 고객과 함께 공을 찾아다닌다. 당신은 분실구를 찾는데 허용된 시간에 관한 골프 규칙을 알고 있다. 공을 찾는 시간이 5분을 초과하면 안 된다. 고객은 시간을 전혀 의식하지 못한 듯 계속 공을 찾아다닌다. 당신은 어떻게 하겠는가?

A. 반드시 필요한 경우에만 시간 제한에 관해 언급한다.
B. 고객의 기분을 상하게 할지 모르므로 언급하지 않는다.
C. 함께 공을 찾으면서 시간 제한에 대해 알려 주고 규칙에 따라 행동한다.

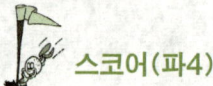
스코어(파4)

4 : A는 파이다. 이삼 분 만에 공을 찾았다면 문제가 없겠지만 너무 오래 끌지 않는 것이 좋다. 고객과 함께 공을 찾아야 한다는 점에 주의한다. 고객이 혼자 공을 찾도록 내버려 두어서는 안된다. 공을 찾는 시간이 5분 이내로 제한되어 있다는 규칙을 고객에게 알려 주되 서둘지는 말아야 한다. 왜 그럴까? 공을 찾고 있다는 사실을 통지한 상황에서 잠정구를 필드에 놓게 되면, 그 공이 플레이할 수 있는 유일한 공으로 인정된다. 이렇게 되면 5분 내에 분실구를 찾더라도 이에 대한 벌타가 부과되기 때문이다.

5 : B는 보기를 범한 것이다. 당신은 불편한 느낌이 들었고 따라서 문제와 대면하고 싶지 않았던 것이다. 회피하는 것은 좋지 않으며 불안을 가중시킬 뿐이다. 당신을 성가시게 하는 것이 있다면 부드럽지만 분명하게 그 사실을 말하라. 플레이할 순서를 기다리고 있는 다른 사람들을 고려해야 하기 때문이다. 빠르면 빠를수록 좋다. 특히 고객이 시간 제한에 대해 전혀 모르고 있다면 더욱 그렇다.

3 : C는 버디를 잡은 것이다. 당신은 적극적으로 공을 찾아 나섬으로써 고객뿐 아니라 뒤에 플레이할 다른 골퍼들을 배려하는 모습을 보여 주었다.

비즈니스로부터 최대한 얻어 내야 한다

어느 회사든 고객을 위한 제품이나 서비스를 제공한다. 또한 나름대로의 관리 방법과 스타일이 있다. 구성원들의 개성이 독특한 회사 이미지를 형성한다. 하지만 어떤 조직이든 업무의 흐름 내지는 체계적인 업무 처리가 무엇보다 중요하다.

이를 위해 대개 여러 가지 구체적인 조직 차트를 개발한다. 하지만 이것이 구성원의 재능을 제약하거나 고정된 틀 속에 가두는 것이 되어서는 안된다. 이렇게 되기 위해서는 어느 정도의 과감한 실험과 실천이 필요하다. 적절한 접근 방법과 인내심을 가지고 업무가 요구하는 재능과 기량을 쌓아야 한다. 우리 회사에서는 조직 차트를 품질 관리 매뉴얼 도입 부분에 첨부했다. 그리고 회사의 요구와 직원의 기술 수준에 맞게 차트를 계속 업그레이드하는 방법을 배웠다. 이를 통해 필요한 때에 적임자를 찾아 적절하게 업무를 위임할 수 있었다.

우리는 개인의 능력이 제약받지 않도록 많은 주의를 기울였다. 회사 조직 내의 직위가 개인의 능력에 영향을 미치지 않도록 했다. 문제가 공개적으로 해결되는 분위기 속에서 일하도록 하는 것이 중요하기 때문이다. 대개 다루기 까다로운 문제가 많았다. 하지만 상황의 긍정적인 면과 부정적인 면을 함께 논의하며, 고정된 틀을 벗어나 사고하고 올바른 방법을 찾아내기 위해 노력했다. 이를 통해 우리는 체계적인 업무 환경 속에서 유연하게 행동하고 시간을 절약할 수 있었다.

우리 회사는 계약, 생산, 제품 선적 및 인도가 중요한 업무였다. 따라서 고객의 개별적인 요구와 이에 대한 대응, 물량과 운송에 관한 내용 등을 모두가 잘 파악하고 있어야 했다. 언제든 필요할 때 이용할 수 있도록 이들 세 부문에 대한 서류 사본을 별도로 비치하도록 규정했다. 이렇게 지속적인 의사 교류와 상황을 논의하는 가운데 최대한 신속하게 결과를 도출할 수 있었다. 앞에서 언급했던 MEP나 컨설턴트 같은 외부 기관의 도움을 받는 것도 괜찮은 방법이다. 이들은 새롭고 객관적인 시각으로 업무의 전 과정을 관찰할 수 있기 때문이다.

TIPS 회사의 조직 차트 속에는 많은 내용이 포함된다. 차트를 통해 업무의 여러 가지 측면을 볼 수 있다. 하지만 리스크, 책임 그리고 업무 관계 등 구체적인 상황을 알 수는 없다. 또한 합병, 협력 혹은 제휴 등을 전 과정의 일부로써 반영하지도 않는다. 당신은 조직화, 업무의 흐름 그리고 현재 진행 상황에 대해 만족하는가? 회사의 조직 체계를 가장 최근에 검토한 것이 언제인가? 여기 도움이 될 만한 몇 가지 제안을 적어 보았다.

● 주요한 업무 내용과 보고 체계를 목록으로 작성한다. 목록에 실명을 기입할 필요는 없으며 업무 책임자의 직함과 각 분야가 어떻게 서로 연관되는지 정도면 충분하다. 자신의 업무 스타일을 단적으로 보여 줄 수 있는 차트를 개발하라.

● 각 분야의 업무 흐름을 검토하고 실제로 어떤 일이 진행되고 있는지 구체적으로 정리한다. 일이 계획된 방향으로 진행되고 있는가?

● 당신과 회사를 위해 무엇이 중요한지 그리고 각 부문이 어떻게 서로 호응하는지 분명히 파악한다. 특히 어려운 고비나 중요한 시기에 직면했을 때 더욱 그렇다.

● 적어도 6개월마다 한번씩 조직 차트를 업데이트한다. 이렇게 함으로써 새로운 변동 사항과 직원들의

능력 및 기술 변화를 구체적으로 파악할 수 있다.

● 무엇보다 시간 관리를 잘해야 한다. 업무의 우선 순위를 정하고 다음날 해야 할 일을 목록으로 만든다.

> **SUMMARY**
>
> **누가** 무슨 일을 하고 있는지 파악하는데 시간이 얼마나 걸리는가? 당신은 직원 개개인의 기술과 능력에 대해 잘 알고 있는가? 자질에 맞게 업무를 맡김으로써 시간 낭비를 미연에 방지하는가? 적임자가 아닌 사람에게 업무를 맡기는 경우를 최소화하고 있는가?

최고를 지향하라
—핵심고객을 겨냥하라

 13번 홀

당신과 고객은 이전 두 홀에서 썩 괜찮은 플레이를 선보였다. 두 사람의 관계가 한층 친밀해진 듯하다. 사실 고객은 스코어가 좋은 것에 몹시 흥분해 있다. 골프를 시작한 이래 가장 좋은 성적을 거둘 수 있을 것이란 생각으로 들떠 있다.

A. 고객이 평소보다 좋은 스코어를 거두고 있는 것에 몹시 놀라면서도 어쩌다 좋은 성적을 거둔 것이려니 생각한다. 따라서 당신은 전혀 놀라워하는 내색을 하지 않는다.
B. 고객이 멋진 샷을 구사하고 있는 것에 함께 기뻐하며 격려의 말을 해준다.
C. 흥분으로 들떠 있는 고객을 모른 척하면서 플레이를 계속하는 것이 최선이라고 생각 한다.

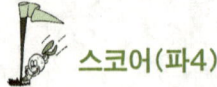 스코어(파4)

5 : A는 보기를 낸 것이다. 함부로 추측해서는 안 된다. 이번이 그 고객과 처음으로 갖는 골프 모임이라면 더 말할 나위가 없다. 이 날이 고객에게 잊을 수 없는 날이 된다면, 당신이 기다려 왔던 기회가 될 수도 있다. 고객의 기쁨에 동참하여 함께 기뻐하라. 골프는 정신적으로 몰입해야 하는 게임이다. 사업 이야기는 기다렸다가 하면 된다. 대개는 때가 오기를 기다려야 한다. 특히 게임이 순조

롭게 풀릴 때는 더욱 그렇다.

3 : B는 버디를 낚은 것이다. 칭찬과 격려가 훨씬 쉬운 일이다. 상대를 격려하고 칭찬함으로써 그날이 최고의 날이 되도록 만들어라. 그리고 이 날을 다른 경우에 대비한 좋은 참고로 활용하라.

4 : C는 파이다. 모른 척할 이유가 어디 있는가? 멋진 샷에 찬사를 보내고 만족스럽게 라운드가 진행되도록 하고 싶지 않은가? 함께 기뻐한다고 해서 호들갑스럽다는 인상을 줄 염려는 전혀 없다. 오히려 당신이 스코어를 잘 알고 있으며 멋진 샷을 볼 줄 아는 눈이 있다는 것을 말해주는 것이다.

핵심 고객을 겨냥하라

비즈니스는 미래의 성장을 위한 계획과 준비, 발전 방향, 강력한 추진력 그리고 많은 노력과 헌신이 필요하다. 때로 이것이 힘들고 지겹게 여겨질 때도 있지만, 정확한 정보와 전문가적인 안목이 미래를 위한 계획 마련에 무엇보다 도움이 된다. 이것이 원하는 결과를 얻는 지름길이다.

금융 분야에서는 경영 스타일과 발전 방향을 확립하고, 어떻게 고객에게 그 영향을 미칠 것인가 인식하는 것이 매우 중요하다고 생각한다. 우리는 법률, 회계 그리고 업계 전문가들로 구성된 전문가팀을 조직했다. 하지만 중심 구성원은 어디까지나 우리의 핵심 고객이었다. 고객이 우리의 어떤 제품을 구입하고 또 구입한 이유가 무엇인지 파악하는데 많은 시간과 정력을 쏟았다. 이 과정에서 부인하기 힘든 한 가지 사실을 알게 되었다. 그것은 바로 10번 홀에서 이미 언급했듯이, 전체 매출의 80%가 20%의 고객으로부터 나온다는 것이었다. 그래서 우리는 그들의 요구에 관심을 집중하고 왜 우리 제품을 구매하는지 연구 분석했다. 이를 통해 목표를 좀 더 분명히 하고 발전 방향을 새롭게 정립할 수 있었다. 왜냐하면 어떤 고객을 타깃으로 해야 할 것인지 알았기 때문이다.

우리 회사의 고객은 미국과 캐나다 전역에 걸쳐 약 2백여 기업에 이른다. 어떤 고객 기업은 매번 동일한 제품을 구입하는가 하면 또 어떤 고객은 늘 다른 종류의 제품을 구입한다. 반면에 특별한 주문을 해오는 고객도 있다. 상위 20%에 속하지 않는 고객들로부터 특별한 주문이 많았다. 하지만 이들의 주문은 이윤을 가져다주지 못하는 경우가 많았다.

우리는 이윤, 제품 원가, 인건비 그리고 기타 전체 비용을 검토했다. 그 결과 놀라운 사실을 발견했다. 핵심 고객 가운데 일부는 우리가 생각하는 것만큼 이윤을 가져다주지 못한다는 사실이었다. 이것을 기초로 우리는 업무 상황, 생산 과정 그리고 자재 공급업자들을 다시 체크했다. 구매량에 따른 가격 조절과 품목별로 가격 할인을 요구하는 등 자재 구매력을 강화했다. 주문 내용에 따라 새로운 공급업자를 물색하기도 하고 원활한 현금 흐름을 위해 물품 인도 방식을 다양화했다. 또한 직원 상호 간에 교차 훈련을 강조했다. 이를 통해 직원들이 다른 분야 업무에 대해서도 파악하게 됨으로써 생산성이 향상되었다. 생산 부문 직원들과 책임자가 창의적으로 다양한 변화를 수용할 때 회사의 발전 동력이 그만큼 힘을 받게 된다. 모든 것이 좋아졌다. 물품 인도 방법이 개선되었으며 고객들의 불만도 눈에 띄게 줄어들었다.

또한 우리 제품의 시세를 체크하고 경쟁 업체와 비교하여 입찰 방법을 연구했다. 보험 견적과 계약은 이전의 경험을 참고했다. 입찰에 지원하기 전에 먼저 원자재, 인건비 그리고 각 항목별 전체 비용을 상정한 간단한 비용 목록을 작성했다.

이 외에 각 생산라인별 단위 매출 차트를 작성했다. 이것은 골프의 전략(규칙적으로 그린에 나가고, 버디를 잡고, 평균 스코어를 유지하는 것 등)과 흡사했다. 이 차트에는 매년 제품 형태별 매출량과 총매출액 목록도 포함되었다. 이를 통해 차트를 작성하기 전에는 알기 어려웠던 그해의 제품 경향과 데이터를 일목요연하게 파악할 수 있었다.

대출금, 월별 부채 상환액, 인건비 그리고 경영 비용 및 보험 등 은행 신용 상태도 차트에 포함시켰다. 이렇게 함으로써 언제 어느 때든 우리의 경영 상태를 한눈에 파악할 수 있었다.

TIPS 당신은 핵심 전략을 일목요연하게 정리하는가? 주요 비용을 구체적으로 파악하고 있는가?

제품 형태, 서비스, 매출량, 이윤 등 매출의 전반적인 상황에 대해서는 어떤가? 가장 많은 이윤을 가져다주는 고객은 누구인가? 그들이 당신과 비즈니스 관계를 유지하는 이유가 무엇인가? 핵심 고객 목록에 포함시켜야 할 다른 고객은 없는가? 핵심 고객이 전체 매출에서 차지하는 비중과 영향력이 어느 정도인지 파악하고 있는가? 몇 가지 도움이 될 만한 내용으로 다음과 같은 것들이 있다.

● 핵심 고객 20%의 전체 매출량과 이윤을 일목요연하게 도표화한다. 두 도표 간에 어떤 차이점이 발견되는가? 이것을 업종별로 분류한다. 어떤 공통점이 있는가?

● 핵심 고객 20%에 속하지 않는 고객의 상황은 어떠한가? 이들에게 투입하는 시간과 노력이 얼마나 되며 어떤 결과를 얻었는가? 어떤 공통점이 눈에 띄는가? 당신은 단순히 제품이나 서비스를 팔기만 할 뿐, 실제로 고객의 요구가 무엇인지 혹은 어떤 문제점이 있는지 귀기울이지 않고 있지는 않은가?

● 지난 일이 년 동안 당신이 놓친 주문이나 입찰 건수가 얼마나 되는가? 계약에 실패한 이유를 알아보기 위해 바이어나 정책 결정권자와 직접 접촉한 적이 있는가? 당신의 회사에 대해 부정적인 인상을 갖고 있는 것은 아닌가? 만약 그렇다면 왜 그런가? 책임자와 함께 식사하면서 이야기를 나누어 보라.

● 지리적으로 인접한 회사로서 당신의 핵심 고객 20% 내에 들 수 있는 회사가 없는지 면밀히 조사해 보았는가? 가장 최근에 이 조사를 한 것이 언제인가? 그들이 당신의 제품을 구매한 이유가 무엇인가? 당신은 특정한 패턴이나 경향을 확립할 수 있는 능력을 확보해 왔는가?

> **SUMMARY**
>
> **핵심** 고객에게 최상의 서비스를 제공하는가? 얼마나 자주 그들을 비즈니스 골프에 초청하는가?

경쟁으로부터 힘을 얻어라
— 다른 사람들을 주목하라

14번 홀

고객은 실력이 상당히 좋은 골퍼이자 매우 진지하게 플레이를 하는 사람이다. 지금까지 간단하게 몇 마디 대화를 나누기는 했지만 비즈니스에 관해서는 전혀 언급하지 않았다. 지금 고객은 일에 관한 이야기를 하고 싶어하는 듯하다. 당신은 어떻게 하겠는가?

A. 고객이 이야기를 꺼낼 때까지 내버려 둔다.
B. 지금까지처럼 계속 골프에 열중하며 고객에게 별로 관심을 기울이지 않는다.
C. 당신의 회사가 가진 경쟁력을 말하는 등 비즈니스 쪽으로 화제를 유도한다.

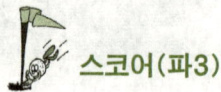
스코어(파3)

2 : A는 버디를 잡은 것이다. 자연스럽게 상황에 맡긴다. 고객이 말을 계속하면 그냥 경청하라.

3 : B는 파이다. 자신의 게임에 열중하는 것은 좋지만 고객에게 주의를 기울이며 화제의 변화에 주목해야 한다. 인내심을 가져야 한다.

4 : C는 보기를 범한 것으로 문제가 될 수 있다. 지금은 비즈니스에 관해 이야기할 시점이 아니다. 고객이 골프에 열중하면서 게임 이야기만 한다는 생각이 들더라도 화제

를 바꾸려고 해서는 안 된다.

다른 사람들을 주목하라

경쟁은 비즈니스에서 불가분의 요소이다. 제품이나 서비스의 형태별로 동종업계 혹은 동일 지역 내에서 경쟁력을 가진 상대가 누구인지 아는 것이 중요하다. 고객으로 하여금 터놓고 말하도록 만든다. 고객은 놀라울 정도로 많은 것들을 알고 있다. 고객이 필요로 하는 것이 무엇인지 그리고 당신의 경쟁업체에 대해 그들이 어떤 의견을 가지고 있는지 귀기울여야 한다. 그리고 그들의 이야기 속에 담긴 메시지를 파악해야 한다. 어쩌면 당신의 제품이나 서비스의 가치를 고객이 분명히 이해하도록 만들어야 할 상황에 놓일 수도 있을 것이다. 예를 들면 가격은 가장 많이 언급되는 문제 가운데 하나이다.

제조업 분야 사업을 하면서 우리는 치열한 경쟁에 직면했다. 어느 시장에나 그 시장을 주도하는 업체가 있게 마련이다. 우리는 늘 경쟁업체의 품질, 물품 인도, 가격 그리고 시장점유율을 주목했다. 또한 새로이 시장에 뛰어드는 기업이나 다른 업체와 합병 혹은 협력할 가능성이 있는 업체가 있는지 주시했다. 시장의 상황을 유지하거나 개선하기 위해 노력하기보다는 시장의 변화에 순응하는 법을 배웠다.

또한 참가했던 입찰 관련 상황을 일목요연하게 정리했다. 이 목록은 낙찰을 받은 기업에 관한 일종의 '초록' 혹은 보고서 같은 것이었다. 가격, 지불 기간, 물품 인도 그리고 정부가 제공한 갖가지 유용한 정보들을 도표화한 것이었다.

우리는 무역 전시회에도 참가했는데, 이것은 새로운 공급자를 찾기 위해서가 아니라 경쟁업체와 업계의 동향을 관찰하기 위해서였다. 신문, 각종 뉴스레터 그리고 업계의 간행물을 구독하고, 키워드를 선택 입력하는 방식으로 인터넷에서 정보 검색을 했다. 다른 회사들의 웹사이트도 검토했다. 고객이 우리 제품을 구입한 이유에 관해 질문하고 고객 만족도 조사를 실시했다.

내가 근무했던 보험 업종의 경우 정부는 고객이 아니었다. 일반 기업과 대중이 고객이었다. 경쟁력을 확보하기 위해, 경쟁사가 제공하는 각종 혜택과 보험 이자율을 우리 보험 상품과 비교했다. 하지만 가장 중요한 차이는 고객에 대한 서비스와 책임감에서 발견되었다.

제조업 분야에서는 서비스와 품질이 관건이었다. 때로 제품 가격에 관한 정보를 입수하기가 매우 힘들 때도 있었다. 이전의 정부 조달 물품 상황에 관한 정보를 입수하기 위해 노력했다. 일단 정보를 입수한 다음, 그 제품을 놓고 우리가 경쟁해야 할 상대가 누구인지 그리고 새로 뛰어든 업체가 있는지 파악하기 위한 유용한 자료로 활용했다.

TIPS 경쟁사에 관한 정보를 입수하기 위해 당신은 얼마나 많은 시간을 투입하는가? 어떤 종류의 비즈니스 정보를 입수하고 정리하는가? 실제로 가장 최근에 경쟁사 관련 정보를 입수한 것이 언제인가? 아래 내용을 참고하기 바란다.

● 해당 분야의 서적을 읽고 웹사이트를 검색하거나 혹은 외부 기관에 경쟁업체에 관한 조사를 의뢰하라.

www.hoovers.com과 www.thomasregister.com을 참고하면 도움이 될 것이다.

- 고객에게 업계 상황과 경쟁사에 관해 설명하라. 이것이 고객 만족도 조사와 연결될 수 있다.

- 영업 직원과 고객의 접촉을 통해 정보를 입수할 수 있다. 영업 직원들로 하여금 경쟁업체의 상황에 대해 주의를 늦추지 않도록 하라.

- 고객에게 최고의 서비스를 가장 먼저 제공하라. 당신의 제품을 구입해야 할 이유를 분명히 하고 경쟁업체에 관한 정보를 제공하도록 만들어라.

- 신문이나 비즈니스 간행물에 실린 경쟁업체의 광고를 주목하라. 해당 분야에서 지도적 역할을 하는 사람들과 대화할 기회를 만들라.

SUMMARY

업무 관련 정보를 수집한다. 다른 사람들을 만나서 대화한다. 이들을 골프에 초대한다. 하지만 이때 자신이 하는 말이나 정보에 신중해야 한다. 전문가나 경험이 풍부한 사람들을 만난다.

Point 15

지도를 만들어라
― 자신이 원하는 곳에 어떻게
도달할 것인가

15번 홀

 고객이 한두 차례 연습 스윙을 하고 있는 동안, 당신은 이번 비즈니스 골프를 통해 두 사람 사이가 상당히 가까워졌으며 사업에도 많은 도움이 되었다는 생각이 든다. 이로 인해 당신은 기분이 좋다. 이제 네 홀을 남겨 두고 있다. 두 사람의 스코어가 똑같다는 사실을 발견한 당신은 남은 네 홀 동안 내기를 하면 어떨까 하는 생각을 한

다. 어떻게 하면 좋을까?

   A. 내기를 하는 것은 괜찮지만 재미로 하는 정도여야 한다.
   B. 흥미를 돋구기 위해 정식으로 내기를 하면 어떨지 고객에게 물어본다.
   C. 고객이 먼저 내기를 하자고 제안하지 않는 한 이런 말을 하지 않는 것이 최선이라고 생각한다.

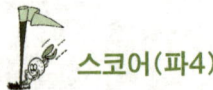 스코어(파4)

4 : A는 파이다. 내기를 하되 작게 하라. 내기에 흥미가 있는지 먼저 고객의 생각을 슬쩍 물어본 다음, 그렇다는 판단이 서는 경우에만 제안하라. 그렇지 않다면 내기 생각은 접어 두고 게임에만 열중하라.

5 : B는 보기를 낸 것이다. 고객의 입장에서 보면 내기를 할 생각이 없다는 말을 하기가 몹시 난처할 수 있지 않

을까? 왜 내기 골프를 하려고 하는가? 정식으로 내기를 한다는 것은 무슨 의미인가? 이번 골프 라운드가 재미없다는 생각이 들었는가? 무엇보다도 과도한 내기를 하는 것 자체가 좋지 않다. 비즈니스 골프를 포함한 어떤 경우에서도 권장할 만한 것이 못 된다.

3 : C는 버디를 잡은 것이다. 당신은 골프를 즐기며 플레이할 줄 아는 사람이다. 게임 기량을 높이고, 고객이 유쾌한 시간을 보낼 수 있도록 최선을 다하고 있다는 것을 보여 준 것이다.

자신이 원하는 곳에 어떻게 도달할 것인가

우리는 흔히 일상의 업무 속에 매몰되어 버리기 쉽다. 내가 경영주로 사업을 할 때도 회사가 원궤도를 벗어나 다른 방향으로 접어들곤 하는 경우가 있었다. 우리는 때로 그런 사실조차 깨닫지 못한 채 울퉁불퉁한 길을 헤매고 다녔다.

행동을 하기 위해서는 먼저 이를 제어하고 조절할 수

있는 계획이 마련되어야 한다. 사업 계획서가 바로 그 해답이자 지도이다. 계획을 수립하기 위해서는 시간이 필요하다. 이것은 시장 상황(이윤이 생길 것인가, 그렇지 않은가), 고객의 요구, 시장 경향, 비용, 기술 변화 그리고 기타 여러 가지 사항에 기초한다. 이 외에도 제조업 부문의 경우 제품사양의 수정을 요하는 특별 주문을 포함하여 고객의 요구에 대한 신속한 대응이 무엇보다 중요하다.

보험 부문에서도 마찬가지였다. 지속적인 서비스를 제공해야 한다. 고객, 계약, 인간 관계 그리고 자체 연구 조사로부터 새로운 비즈니스 기회를 발견할 수 있었다. 하지만 여기서 가장 중요한 것은 고객과 전화 통화를 자주 하는 것이었다. 전화를 자주 하면 할수록, 많은 고객과 이야기하면 할수록 더욱 많은 기회가 찾아왔다. 이 과정에서 성공과 실패에 근거한 실제적인 비즈니스 계획을 수립할 수 있었다.

제조업 분야의 경우 소개를 통한 인간 관계 형성이 극히 드물었다. 시장이 보험 시장처럼 개방적이지 않기 때문이었다. 고객과의 좋은 관계를 통해 그들의 요구가 무엇인지 알 수 있었으며, 향후 수개월 동안의 매출량을 어느 정도 예측할 수 있었다. 우리는 정기적으로 사업 계획을 검토했다. 그것은 주거래 은행과 회계 법인의 강력한 권유에 힘입은 것이었다. 단순한 재무 상황 파악이 아니라 생산과 수요의 변화에 집중하기 위해서였다. 이를 통해 우리는 자신의 업무를 훨씬 더 분명하게 이해하고 많은 것을 알게 되었다. 또한 각 부서의 긍정적인 면뿐 아니라 부정적인 면도 함께 고려하며 업무 상황을 검토했다. 문서화한 업무 진행 절차와 실제 상황 진행을 비교했다. 차이점이 발견되면 즉시 바로 잡았다. 일단 이렇게 수정이 이루어진 다음에는 최소한 일 년 동안 관련 목표와 진행상황을 체크했다. 이것은 나아가야 할 방향을 제시해 주었을 뿐 아니라 길을 찾아가는 좋은 지도와 같은 구실을 했다. 또한 업무를 성공적으로 수행하지 못한 핑계를 대기 어렵게 하는 장치가 되기도 했다.

TIPS 당신의 회사는 어떤 사업 계획을 가지고 있는가? 일이 년 혹은 그보다 장기적인 계획인가? 모든 부서가 이 계획에 동참하고 있는가?

● 회사가 정한 목표를 다시 살펴본다. 이전과 비교하여 어떤 변화가 있었는가? 시장 점유율이 높은가? 그렇지 못하다면 이유가 어디에 있는가?

● 한 해, 월별 혹은 분기별 매출 예측을 세웠는가? 이 예측은 무엇에 근거한 것인가? 매출 예측은 전체적인 사업 전략과 맥을 같이 해야 한다. 산업별 핵심 고객이 누구인지 파악하면 예측 수립에 도움이 된다. 그들이 당신으로부터 제품을 구매하는 이유가 무엇이며, 당신이 제공하는 서비스나 제품에 만족하는가?

● 결과를 어떻게 측정하는가? 영업 실적을 근거로 하는가 아니면 매출 이윤을 중요시하는가? 서비스 부문의 경우, 프로젝트별로 측정하는가 아니면 요금 청구가 가능한 시간별로 측정하는가? 핵심 고객 20%로부터 기인한 영업 실적이 전체 매출에서 차지하는 비중이 얼마나 되는가? 나머지 80%고객의 경우는 어떠한가? 보다 생산적인 고객에게 시간을 집중하기 위해 일부 고객과의 거래를 중단할 필요가 있는가?

● 당신은 자신이 속한 비즈니스의 틈새 시장과 그 수요가 얼마나 될 것인지 예측할 수 있는가? 치열한 경쟁에 직면해 있는가? 경쟁사의 시장점유율은 얼마나 되는가? 상대 업체와의 세일즈 경쟁에서 당신이 성공한 경우를 수치로 파악하고 있는가?

> **SUMMARY**
>
> **당신은** 어떻게 경쟁력을 유지하는가? 고객과의 비즈니스 골프가 가져온 결과를 측정할 수 있는가? 당신은 어떤 장소에서 원하는 메시지를 고객에게 전달하는가?

Point 16

경영 승계 계획을 세워라
― 회사의 미래를 위한
마스터플랜을 세워라

 16번 홀

금방이라도 비가 올 것처럼 하늘이 잔뜩 흐려 있다. 소나기가 쏟아지기 시작하더니 몇 분 지나지 않아 그쳤다. 번개가 치진 않았지만 잠깐 지나간 소나기가 끔찍한 사건을 떠올리게 했다. PGA투어에 나선 몇몇 프로 골퍼가 번개를 맞아 목숨을 잃을 뻔했던 사건이 있었다. 당신과 고객은 우의를 준비하지 않았기 때문에 비가 계속된다면 난

처한 지경에 처할지도 모른다. 그런 곤경을 미연에 방지하기 위해 어떻게 하면 좋을까?

A. 우산을 포함하여 우천에 대비한 준비물을 항상 가방 속에 갖추고 다닌다.
B. 수건 몇 장이면 충분하다고 생각한다.
C. 우천에 대비한 준비물이 있으려니 생각하고 가끔 이를 점검해 보는 정도이다.

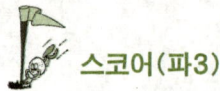 스코어(파3)

2 : A는 버디를 낚은 것이다. 언제나 기본적으로 필요한 준비물을 갖추고 다니기 때문에 불안해할 필요가 없다.

3 : B는 파이기는 하지만 클럽하우스에서 멀리 떨어져 있다면 여전히 문제가 될 수 있다. 라운드를 시작하기 전에 소나기가 내릴지도 모른다는 예감이 든다면 우산, 비옷 그리고 여러 장의 수건을 준비하는 것이 좋다.

4 : C는 준비성 부족을 보여 주는 것으로 보기를 범한 것이다. 반드시 필요한 물건임에도 불구하고 준비되어 있겠거니 하는 안이한 생각이 낭패를 부를 수 있다. 어떤 경우에도 추측은 금물이다!

회사의 미래를 위한 마스터플랜을 세워라

은행 예금과 비슷한 기능을 하는 것으로 생명보험이 있다. 신용대출을 신청하고자 한다면 신용보험에 가입하면 된다. 부동산 및 사업과 관련된 것으로 산업보험, 생명보험 그리고 장애보험이 있다. 물품 선적과 관련한 것으로는 운송보험이 있다.

제조업 분야 사업을 하면서 우리는 자주 다른 회사에 합병되거나 인수될 상황에 직면하면 어떻게 할 것인가에 관한 이야기를 하곤 했다. 하지만 우리 동업자 가운데 누가 사망하거나 장애를 당하면 어떻게 할 것인가에 관해서는 별로 논의하지 않았다.

여러 해 동안 우리는 보험에 가입하지 않고 있었는데, 주된 원인은 비용과 무지 때문이었다. 우리 회사의 회계 및 법무 담당팀의 권고로 우리는 생명보험에 가입하기로 결심했다. 비용에 비해 혜택이 더 많았다. 보험 적용을 받을 수 있게 되었던 것이다.

언젠가 일어날지 모를 불상사에 대비하여 보험에 가입하기로 한 결정을 나는 한번도 후회한 적이 없다. 우리는 동업자 서로에 대해 매매 동의서를 작성한 셈이었다. 생명보험의 가장 큰 이점은 현금 가치가 있다는 점이었다. 자산의 증대를 가져오기 때문이다. 의료보험과는 별도로 장애에 대비한 재정 계획이 필요한 경우 사회보장 및 근로자 보상 프로그램에 가입하면 된다. 미국생명보험협회에 따르면 열 명 가운데 세 사람이 65세가 되기 전에 최소한 석 달 동안 일시적인 신체 장애 상태에 놓이게 되며, 다섯 명 가운데 한 명이 장애로 인해 약 5년 동안 무직 상태에 처하는 것으로 나타났다. 장애보험에 가입하면 신체 장애로 인해 일을 하지 못함으로써 생기는 소득의 공백을 메울 수 있다. 당신의 재정 계획 항목을 점검하라.

보험은 우리 자신, 은행, 회사 그리고 보험사 모두에게 이로운 제도라고 생각한다. 보험을 통해 나는 아내와 가족들을 위해 내가 마땅히 해야 할 것이 무엇인지 생각하게 되었다. 우리 회사의 회계 및 보험 관련 업무를 담당하고 있는 변호사를 통해 나는 유언장을 작성했다. 하지만 경영권 승계 계획 속에 직원 채용과 임명, 각종 혜택, 조직 개편 및 퇴직 등의 내용은 포함되지 않는다.

시간, 노력 그리고 비용 문제를 고려할 때 보험이 과연 그만한 가치가 있는지 스스로에게 자주 묻곤 했다. 대답은 분명했다. 확실히 있었다. 그리고 이것은 일종의 교육이기도 했다.

TIPS 회사 경영권 승계 계획을 갖고 있는가? 아직 준비되어 있지 않다면 회사의 고문 변호사, 회계사와 상의하라. 단순히 만일의 경우를 대비하기 위한 것만은 아니다. 이것은 회사를 유지하고 보존하기 위한 방편이기도 하다. 적어도 일 년에 한 번 정기적으로 검토해야 한다. 통계에 따르면 가족 소유 기업의 70%가 세대교체를 위한 계획을 갖고 있지 않은 것으로 나타났다. 왜 그럴까? 경영권 승계에 대한 인식 부족은 하나의 보편적인 현상으로 자리잡고 있는 듯하다. 또한 과중한 재산세 때문에 아예 회사 경영에서 손을 떼는 사람도 있는 것 같다. 어떻게 하는 것이 좋은지 상세한 내용은 전문가와 의논하는 것이 좋다. 경영권 승계 계획 수립을 위해 다음 사항을 고려해 보기 바란다.

● 현재 경영권 승계 계획이 마련되어 있지 않다면 이유는 무엇인가? 가족이나 회사의 상황 때문인가 아니면 이에 관해 논의하기가 곤란하기 때문인가? 보험 가입 등 들어갈 비용이 부담스럽기 때문인가? 어디에서부터 손을 대야 할 지 모르기 때문인가? 원인이 무엇이든 기업 승계 계획은 회사 발전 계획의 연장선상에서 파악해야 한다. 이것이 없다면 회사가 온전하게 유지되기 어렵다. 왜냐하면 이는 결과적으로 사업의 지속성과 직원 개개인의 일자리와 관련되기 때문이다. 자신의 자산 상황과 부채 그리고 재정 목표를 검토하는 것에서부터 출발하라.

● 전문가와 이 문제를 상의할 때 비밀 보장이 지극히 중요하다. 결과에 조금의 영향이라도 미칠 수 있는

문제를 언급하지 않은 채 간과해서는 안 된다.

- 적절한 계획을 마련하고 그 결과를 구체화하라. 그리고 이것을 당신 자신과 사업을 위한 자산이 되도록 할 수 있는 방법을 생각하라. 이는 퇴직에 대비한 계획을 생각해 볼 수 있는 좋은 기회이기도 하다.

> **SUMMARY**
>
> **자신이** 지금까지 열심히 일해 온 결과를 지키고, 만일의 경우 또는 퇴직에 대비한 재정 마련은 매우 중요한 일이다. 계획을 수립하라. 보험회사 임원, 재무 설계사 혹은 전문 컨설턴트와 골프할 기회를 만든다.

Point 17

세상과 링크하라
— 인터넷을 최대한 활용하라

 **17번 홀**

당신은 사무실이 어떻게 되고 있는지, E-메일, 물품 견적서 혹은 중요한 전화가 걸려오지는 않았는지 궁금해지기 시작한다. 핸드폰으로 알아보고 싶은 마음을 참고 있다. 다음 샷이 끝나면 사무실로 전화를 해볼 생각이다. 그런데 어떤 문제로 인해 예상치 못하게 생각보다 길게 통화를 하게 되었다. 고객은 전화 통화가 끝날 때까지 기다

리고 있다. 당신은 어떤 기분일까?

A. 전화를 하는 것이 중요하다고 생각한다.
B. 부득이한 경우가 아니라면 전화를 하지 않아야 한다고 생각한다.
C. 전화 통화가 길어도 무방하며 고객도 이것을 못마땅하게 여기면 안 된다고 생각한다.

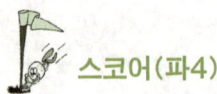
스코어(파4)

4 : A는 파를 기록한 것이다. 사무실의 상황이 어떻게 돌아가고 있는지 알게 되었을 지는 모르지만, 나중에 전화해도 되지 않았을까 생각해 보아야 할 일이다. 반드시 이렇게 해야만 할 중요한 일이었는가? 알 수 없는 이유로 인해 고객에게 모종의 인상이라도 주고자 하는가? 들려오는 통화 내용 가운데 소홀하게 대접받고 있다는 느낌을 받을 수도 있는 이야기를 고객이 듣기라도 한다면, 당신이 이번 비즈니스 골프를 중요하게 생각하지 않는다는 것

을 드러내는 꼴이 되고 만다.

3 : B는 버디를 기록한 것이다. 전화를 걸고 싶은 마음을 억누름으로써, 당신이 한 가지 일에 몰두하는 사람이라는 인상을 고객에게 주게 된다. 반드시 전화를 하거나 받아야 할 중요한 일이 있다면, 이로 인해 곤란을 당하지 않도록 골프 라운드가 시작되기 전에 처리한다.

5 : C는 심각한 보기를 범한 것이다. 이것은 당신에게 처리해야 할 다른 중요한 일이 있다는 것을 의미한다. 이는 자신이 중요하게 대접받지 못하고 있다는 나쁜 인상을 고객에게 줄 수도 있다. 그리고 전화를 해야 할 경우라도 통화가 길어지지 않도록 주의한다.

인터넷을 최대한 활용하라

많은 회사들이 아마존, 아메리카 온라인, 혹은 야후를 이용하고 있다. 인터넷으로 책이나 음반을 주문할 수도 있고, 주문 내역서나 시간에 맞게 물품이 선적되었는지 여부를 확인할 수도 있다. 인터넷을 이용한 온라인 상거래는 일반 고객에게 제품을 판매하는 것으로 출발했으며, 일반적으로 B2C로 널리 알려져 있다. 하지만 오늘날 기업간 전자 상거래가 더욱 활성화되고 있는데, 이것을 B2B라고 한다. 온라인 전자 상거래가 가져다준 이점으로 무엇이 있을까?

제너럴 모터스가 만든 온라인 상거래 사이트 트레이드-X-체인지의 경우를 예로 들어보자. 이 사이트는 사업 경비(인건비, 재고 정리, 세금 등)를 절감하고 기업간 거래에 온라인을 이용함으로써 기업 활동 원가를 최대한 줄이는 것을 목표로 하고 있다.

연구에 따르면 앞으로 B2B거래가 현저하게 증가하여 B2C시장에 비해 몇 배 큰 폭으로 확대될 것으로 예상된다고 한다. 부품과 서비스를 주문하기 위해 특정 웹사이트를 검색하는 것이 이제 기업에게는 지극히 자연스러운 일이 되고 있다. 연구 결과, 인터넷을 이용하는 경우 조사, 팩스, 전화 등을 이용하여 업무를 처리하는 것보다 훨씬 적은 시간이 소요되는 것으로 밝혀졌다. 인간이 관여할 수 있는 여지가 점점 줄어들고 있는 것이다. 하지만 과학 기술의 진보에도 불구하고 직접 만나서 대화하려는 노력이 비즈니스 관계 확립을 위해 여전히 필요하다.

90년대 중반부터 인터넷이 놀라울 정도로 급속하게 보급되기 시작했다. 지금까지 인터넷만큼 급격한 변화를 몰고 온 미디어는 어디에도 없었다. 오늘날 양질의 정보를 제공하는 비즈니스 사이트와 골프 관련 사이트를 쉽게 찾을 수 있다. 이들 사이트가 서로 링크되어 있어서 편리를 더해 준다. 이 장에서는 내가 지금까지 발견한 유용한 사이트들을 목록으로 작성해 보았다. 다른 유용한 사이트들이 많이 있긴 하지만, 인터넷을 이용할 때 먼저 신중을 기해야 할 필요가 있다. 사이트를 검색하는데 걸리는 소요 시간을 고려해야 한다는 뜻이다. 인터넷에는 각종 다양한 사이트들이 엄청나게 많다. 나는 사이트를 검색하기 전에 먼저 어느 곳을 검색해야 하는지, 그 사이트를 방문한 이유가 무엇인지 항상 생각한다. 그리고 시간 제한을 두고 사이트를 검색한다. 몇 시간이고 인터넷의 바다를 돌아다닐 수 있다면 좋겠지만, 이렇게 할 수 있는 시간이 있는 경우가 극히 드물기 때문이다.

우리는 비교적 빨리 기업간 전자 상거래에 익숙해질 수

있었다. 하지만 그 과정에서 실수를 하거나 가슴 철렁한 순간이 없었던 것은 아니었다. 우리는 이 분야에 대한 투자를 중시했으며 많은 것을 배울 수 있었다. 기업간 전자상거래에 있어 반드시 알아 두어야 할 사항을 아래와 같이 정리해 보았다.

● 기업의 웹사이트는 그 회사의 사업 성격과 주요 업무를 적절하게 반영해야 한다. 비슷한 도메인, 일반적으로 쓰이는 알파벳 혹은 기타 비슷한 이름도 함께 등록해 두는 것이 좋다. .com뿐 아니라 .org와 .net로도 등록해 두면 보편적인 이름으로 쉽게 사이트를 찾도록 할 수 있다.

● 회사의 웹사이트를 구축한 후 매주 혹은 적어도 한 달에 한 번씩 업계 관련 소식 혹은 공지 사항 등을 업데이트해야 한다. 사이트는 마케팅과 정보 전달을 위한 수단이긴 하지만, 사이트를 구축했다고 해서 자동으로 매출 증대로 이어지지는 않는다는 것을 알아야 한다. 내용뿐 아니라 접속의 편리함 등 기술적인 측

면을 고려한 끊임없는 검토와 관심이 필요하다. 그리고 신문이나 TV광고, 혹은 기타 모든 마케팅 활동에서 웹사이트 주소가 항상 함께 등재되어야 한다.

- 일반 고객이나 기업 고객이 당신의 웹사이트를 어떻게 찾는가? 키워드로 쉽게 사이트를 찾을 수 있도록 해야한다. 스무 개 내지 서른 개 정도의 관련 키워드를 등록하고, 당신의 웹사이트를 찾기 위해 어떤 문구를 이용할 것인지 예상한다. 비즈니스, 골프, 무료 그리고 인터넷 같은 지나치게 일반적인 '죽은 단어'는 가급적 피한다. 검색 엔진에 등록하기까지 시간이 필요하며 유료 검색 엔진들도 많다. 다른 웹사이트를 자동으로 방문할 수 있도록 설정해 놓은 엔진을 찾아서, 이들이 담고 있는 데이터베이스를 충분히 활용하기 위한 웹페이지 목록을 작성한다. 디렉토리는 사이트가 적절한 카테고리에 등록되었는지 여부를 확인하기 위한 장치이다. 가능한 많은 양질의 사이트와 링크하여 이들을 기본 자료로 활용한다.

● 당신의 웹사이트는 고객, 사업 파트너, 공급업체, 세일즈, 고객 서비스 혹은 다른 여러 부문과의 기업간 온라인 거래 기능을 충분히 발휘하는가? 기존의 온라인 소프트웨어 혹은 서비스를 최대한 이용할 수 있는가? 당신의 정보가 안전하게 보호되고 있는지 누가 정보에 접근하는지 항상 주의를 기울여야 한다. 언제든 이용할 수 있는 기업간 전자 상거래 사이트가 많이 있다. www.i2.com 혹은 www.manugistics.com에서 제공하는 B2B 온라인 거래에 관한 정보 서비스를 참고하면 도움이 된다.

● 어떻게 웹사이트 방문객과 이용자에게 제공할 정보를 분석하는가? www.websites.com과 www.thecounter.com에서 유용한 웹사이트들을 편리하게 검색할 수 있다. 항상 내용을 업데이트하여 그때그때 필요한 정보를 검색할 수 있도록 하는 것이 중요하다.

우리는 결국 생산성 향상을 통해 전체 비용을 절감하는

데 성공했다. 자재 구매와 고객과의 거래에 소요되는 시간을 줄일 수 있었기 때문에 가능했다. 마케팅 수단의 하나로써 웹사이트 개발에 많은 시간을 투자했다.

서비스 부문이든 제조업 부문이든 양질의 신뢰할 수 있는 정보 확보가 무엇보다 중요하다. 이 외에 시간 스케줄을 확정하는 일이 마찬가지로 중요하다. 비즈니스 골프를 통해 골프십을 형성해야 한다. 당신은 업무를 다른 사람에게 분담하는가? 그리고 도움이 될 사람들에 관해 잘 알고 있는가? 신뢰할 만한 사람을 신뢰해야 한다는 것을 명심하기 바란다.

TIPS 인터넷 검색에 소요되는 시간을 줄임으로써 비즈니스 골프를 위한 시간을 확보하는데 도움이 될 만한 웹사이트 주소이다.

골프 관련 웹사이트:

www.usga.org - 미국골프협회

www.pga.com - 남자 프로 골프 사이트

www.lpga.com - 여자 프로 골프 사이트

www.pgatour.com - 프로 투어에 관한 정보 검색 사이트

www.thegolfchannel.com - TV골프 프로그램 안내

www.golf.com - 골프 관련 뉴스와 정보

www.golfcourse.com - 수천 개에 이르는 골프 코스 안내

www.golfdigest.com - 골프 해설과 정보

www.golfonline.com - 골프에 관한 다양한 정보

www.golfweb.com - 골프에 대한 모든 정보

비즈니스 관련 웹사이트:

www.suppliermarket.com - 제품에 관한 정보

www.bizbuyer.com - 입찰 신청

www.insweb.com - 보험 관련 정보

www.toolkit.cch.com - 기업 경영자를 위한 정보

www.steel.com - 유용한 정보 및 다른 사이트 링크

www.hoovers.com - 재무 관련 정보

www.ezgov.com - 정부에서 제공하는 각종 정보

www.mediametrix.com - 유용한 인터넷 사이트 검색
및 베스트 사이트 순위

www.mep.nist.gov - 비즈니스 관련 각종 정보

www.infospace.com - 뉴스와 정보

> **SUMMARY**
>
> **고객,** 업계 동향, 경쟁사, 골프, 기타 필요한 정보를 입수하기 위해 인터넷을 최대한 활용한다. 이 일이 당신의 일상 업무의 한 부분이 되어야 한다. 업무상 필요에 의해서든 비즈니스 골프를 위한 시간을 가능한 많이 활용하기 위해서든 필요하다면 인터넷 검색 기술을 배울 수 있는 강좌를 듣는다.

Point 18

비즈니스와 비즈니스 골프
—거래 성사!

 **18번 홀**

이번 라운드가 당신과 고객 모두에게 즐거운 시간이긴 했지만, 라운드를 도는 동안 줄곧 긴장이 떠나지 않았다. 다음 기회에는 좀 더 잘하고 싶은데 어떻게 하면 좋을까?

A. 긴장하지 않고 플레이할 수 있도록 라운드를 시작하

기 전에 가능한 한 많은 연습을 한다.
B. 일단 필드에 나간 이상 마음을 느긋하게 가지는 것이 최선이라고 생각한다. 고객이 먼저 사업 이야기를 꺼내지 않는 한 일에 대한 염려는 잠시 접어 둔다.
C. 골프 라운드로 인해 긴장하지 않으려고 애쓴다.

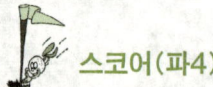
스코어(파4)

4 : A는 파를 기록한 것이다. 하지만 지나친 연습은 좋지 않다는 점을 기억한다.

3 : B는 버디를 낚은 것이다. 지금은 플레이를 잘 풀어 가는 것이 우선이다. 이 자리를 만든 것은 고객에게 즐거움을 선사하고 서로의 관계를 다지기 위해서이다. 함께 즐거운 시간을 보내고 고객에게 관심을 집중해야 한다. 고객의 요구에 자신을 맞추어라. 당신이 고객이라면 어떻게 대접받고 싶은지 자신에게 물어보라.

5 : C는 좋지 않다. 보기를 범한 것이다. 고객이나 당신 자신 혹은 골프로 인해 초조한가? 만약 그렇다면, 고객이나 회사에 관해 당신이 가진 정보를 재점검하고 동료와 상의하라. 골프 때문에 신경이 쓰인다면 비즈니스 골프가 있기 하루나 이틀 전에 연습용 레인지에서 약간의 연습을 한다.

거래 성사!

때로 심리적인 스트레스가 비즈니스 골프에 많은 영향을 끼친다. 이것은 골프 스코어 때문만은 아니다. 비즈니스와 관련한 부담감이 원인이 될 수 있다. 다시 말해서 어떻게 좋은 관계를 만들 것인가, 고객이 당신에 대해 어떤 인상을 갖게 될지 혹은 당신이 고객으로부터 어떤 인상을 받을 것인지 등으로 인한 심리적인 부담 때문이다. 이렇게 할 만한 가치가 있는지 의문이 들 수도 있을 것이다. 내 경험에 따르면 비즈니스 골프가 상대방을 이해하는데 무척 도움이 된다. 골프를 하는 동안 사업에 관해 한마디도 하지 않을 수도 있다. 그렇다 하더라도 이를 통해 서로에 대해 호감을 갖고 귀중한 유대 관계를 마련하는 것이 중요하다. 라운드가 끝난 후 고객과 다시 만날 약속을 정하고 그때 비즈니스 이야기를 하게 될 지도 모른다. 그것으로 충분하다.

  이 책 전반에 걸쳐 골프를 하는 과정에서 부딪치게 될 여러 가지 상황과 비즈니스 주제에 관해 언급했다. 이것은 최고 수준의 비즈니스 골프를 할 수 있도록 도움을 주기 위해서이다. 요약 형식으로 다시 한 번 정리한 TIPS들은 비즈니스 골프가 좋은 경험이 되고, 비즈니스 관계 형성에 도움을 주고자 정리한 것이다. 이를 통해 원하는 바를 얻게 되기를 바란다.

TIPS

- 고객의 요청이 없는 한 비즈니스에 관해 먼저 이야기하지 않는다.

- 비즈니스 골프를 하기 전에 지나치게 연습을 많이 하

지 않는다. 과도한 연습으로 인해 오히려 피로해 지기 쉽다. 몸을 풀어 주는 정도로 십여 차례의 샷이면 충분하다. 필요하다면 연습용 그린에서 몇 차례의 칩샷과 퍼팅을 해본다.

- 골프 카 대여료와 점심, 팁을 지불한다. 현금을 넉넉하게 준비한다.

- 기본적인 골프 규칙과 에티켓을 익힌다. 예를 들어 고객이 퍼팅을 하는 방향으로 나란히 서지 않는 것 등이 있다. 홀에 이르는 브레이크를 어느 정도 주는 것이 적당한지 질문을 받은 경우, 자신의 의견을 말하되 정도를 넘어서는 안 된다. 매 홀마다 거리, 해저드 그리고 위치에 따라 어떻게 플레이하는 것이 좋은지 간단한 제안과 정보를 제공한다. 공이 페어웨이를 벗어날 염려가 있는지 여부를 고객에게 알려 준다. 플레이 시간을 초과하지 않도록 주의한다. 조급하게 플레이하지 않는다. 골프 카를 타고 이동할 때 지나치게 속도를 내지 않는다. 잔디가 젖어 있거나 언덕

을 내려가는 경우에 더욱 그렇다.

● 플레이를 방해하지 않는다! 공을 찾는데 허용된 시간이 5분이라는 사실을 기억한다. 고객이나 함께 플레이하고 있는 그룹이 시간을 지체하는 경우, 뒤에 플레이할 팀으로 하여금 먼저 플레이할 수 있도록 하거나 다른 사람들이 기다리고 있으니 이동하는 것이 좋겠다는 제안을 한다.

● 항상 정직하게 행동하라! 실수로 공을 잘못 건드린 경우 즉시 그 사실을 알리고 페널티를 받는다. 당신은 정직한 사람이라는 것을 보여 주고 그에 맞게 행동하라.

● 당신과 고객의 스코어를 기록하고 정확하게 기록했는지 규칙적으로 확인한다.

● 고객이 요구하지 않는 한 함부로 나서서 조언하지 않는다. 플레이를 하는 동안보다는 레인지에서 드라이

버 연습을 하는 동안 고객이 필요한 도움을 요청할 수 있도록 분위기를 이끌어 간다.

- 고객이 멋진 샷을 구사할 때마다 칭찬을 아끼지 않는다.

- 그린, 티 혹은 페어웨이 등에서 고객이 샷을 할 때 충분한 거리를 두고 멀찌감치 물러선다. 그리고 자신의 그림자로 인해 고객의 주의가 산만해지지 않도록 주의한다. 이런 행동은 말 한마디 하지 않고도 고객에게 불쾌감을 줄 수 있다.

- 그린의 디보트 자국을 스스로 손질한다. 이런 패인 자국들은 골프에서 가장 조심해야 할 부분 가운데 하나이다. 당신이 만든 것이 아니더라도 패인 자국이 눈에 띄는 대로 손질한다. 고객이 샷을 하는 과정에서 생긴 것도 마찬가지이다. 고객은 이런 행동을 눈여겨보고 있다.

- 클럽, 가방, 공 혹은 기타 다른 이유로 인해 소음을 내지 않도록 주의하라. 고객이 스윙하려는 시점에서는 특히 주의한다.

- 샷이나 스코어에 대해 혹은 기다리는 시간이 길어진다고 해서 결코 짜증내서는 안된다. 클럽을 집어던지는 등의 행동은 결코 하지 않는다. 말투나 언행에도 조심한다.

- 스코어를 확실히 모르는 경우, 그 홀이 끝났을 때(뒤에서 플레이하는 사람들에게 방해가 되지 않도록) 고객에게 스코어에 대해 묻는다.

- 플레이를 하는 동안 핸드폰으로 전화를 하거나 인터넷 검색을 하지 않는다. 반드시 이렇게 해야 할 필요가 있는 경우, 고객이 당황하지 않도록 플레이를 하기 전에 고객의 양해를 구해 둔다.

- 고객에게 좋은 골프 서적을 추천한다.

● 당신이 직접 골프 카를 운전하되 필요한 경우 교대로 운전해도 괜찮은지 고객에게 물어본다. 속도를 내지 말고 천천히 부딪치지 않도록 주의한다.

● 골프 가방, 골프 카 등을 어디에 두었는지 기억해 둔다. 항상 그린 밖에 놓아두도록 유의하며 적어도 12피드 정도 거리에 두는 것이 좋다.

● 클럽이 정한 규칙에 맞는 복장을 한다. 그리고 저녁 식사 등이 필요한 경우 고객에게 여벌의 옷을 가져오도록 사전에 알려 준다. 당신의 지나친 옷차림으로 인해 고객이 당황해하지 않도록 주의한다. 그날의 일정을 미리 계획하고 어떤 옷차림이 적당한지 고객에게 말해 준다.

● 고객과 내기를 하거나 팀 단위로 내기를 하는 경우 가벼운 내기를 한다. 이성을 유지하며, 내기의 승패에 상관없이 즐겁게 플레이한다.

- 골프에서 사람의 성격이 드러난다. 당신이 고객의 성격을 관찰하듯이 고객도 마찬가지이다. 상황을 인정하라.

- 골프 규칙에 관한 서적과 클럽에서 정한 룰북(rule book)을 항상 가방에 넣고 다닌다. 플레이를 하기 하루 이틀 전쯤 규칙에 관해 읽어 둔다.

- 게임 자체에 열중한다. 스코어나 결과에 대해 연연하지 않는다. 상황에 순응한다. 여유 있고 호의적인 태도로 플레이를 즐긴다. 이런 자세가 백 마디 말보다 낫다.

- 고객이 멋진 플레이를 선보이면 아낌없이 칭찬한다. 특별한 이벤트나 토너먼트를 위해 필요하다면 고객에게 스코어 카드를 준다.

- 골프 라운드를 시작하기 전후에 식사를 할 때 미리 돈을 지불함으로써 계산서를 테이블로 가져오는 일

이 없도록 한다. 또한 고객으로 하여금 좋은 자리에 앉도록 배려한다. 메뉴를 선택할 수 있는 경우 어떤 음식이 맛있는지 혹은 그 클럽에서 잘하는 음식이 무엇인지 귀띔해 준다. 고객이 먼저 주문하도록 한다. 주문을 한 후 그날의 골프 라운드에 관한 이야기가 오간 후 비즈니스에 대해 이야기하거나 다시 만날 약속을 정하는 것이 좋다.

● 고객에게 감사의 카드를 보낸다.

● 자신이 골프를 즐길 수 있는 건강과 능력을 가진 것에 감사한다.

● 가능한 여유 있는 마음가짐을 갖는다. 비즈니스 지식이나 골프 실력을 과시함으로써 고객을 당황하게 만들지 않도록 주의한다. 비즈니스 골프를 앞두고 있을 때 골프 서적이나 잡지를 많이 읽어 두어야 할 것 같은 유혹을 떨쳐 버린다. 당신이 골프 초대를 받은 입장이라면 어떻게 대접받고 싶을까에 대해서만 생각

한다. 스코어를 정확하게 기록하고 그날을 위해 모든 것이 순조롭게 진행되도록 준비한다. 그리고 항상 상황을 겸손하게 받아들인다.

> **SUMMARY**
>
> **당신은** 비즈니스 골프를 위해 얼마나 많은 시간을 투자하며 이를 통해 무엇을 얻고자 기대하는가? 어떤 교훈을 얻었는가? 당신이 초대하고 싶은 사람들의 명단을 작성한다.

스코어카드

홀	파	응 답	당신의 점수
1	4	a=5 b=3 c=4	
2	4	a=4 b=5 c=3	
3	3	a=3 b=4 c=2	
4	5	a=6 b=4 c=5	
5	4	a=3 b=4 c=5	
6	4	a=4 b=3 c=5	
7	3	a=3 b=2 c=4	
8	4	a=5 b=4 c=3	
9	4	a=5 b=4 c=3	
out	35		
10	4	a=3 b=4 c=5	
11	5	a=5 b=6 c=4	
12	4	a=4 b=5 c=3	
13	4	a=5 b=3 c=4	
14	3	a=2 b=3 c=4	
15	4	a=4 b=5 c=3	
16	3	a=2 b=3 c=4	
17	4	a=4 b=3 c=5	
18	4	a=4 b=3 c=5	
In	35		
Total	70		

Point 19

스코어

왼쪽 페이지에 비즈니스 골프 18홀 스코어 카드가 실려 있다. 각각의 홀에서 당신이 선택한 결과를 표시한 다음 점수를 계산한다. 자신이 비즈니스 골프를 훌륭하게 하고 있는지 확인해 본다.

비 고

- 가장 좋은 스코어는 18개의 버디 즉 18언더파를 기록한 것이다. 이를 점수로 환산하면 52점이 된다.

- 가장 낮은 스코어는 18오버파로서 점수로 환산하면 88점이 된다.

- 파는 70점이다.

스코어 70은 비즈니스 골프를 어느 정도 할 줄 아는 골퍼라고 생각하면 된다.

부록
- 주요 토픽 돌아보기
- 용어 해설
- 중요 골프 규칙

 주요 토픽 돌아보기

다음은 이 책 전반에 걸쳐 논의해 온 주요 비즈니스 토픽을 다시 한번 돌아보는 의미에서 정리한 것이다. 당신의 회사가 앞으로도 경쟁력 있고 생산적인 기업, 이윤을 남기는 기업으로 남을 수 있도록 도와줄 내용들을 간추려 담았다. 이것은 또한 비즈니스 골프를 위한 확실한 기초를 다지는데 일조할 것이다.

● 모든 직원이 회사의 사명과 목표를 현실적이고 구체적이며 쉽게 납득할 수 있도록 하라.

● 적절한 장비와 기술을 제공하라. 어떤 정보가 회사와 고객에게 가장 유익한지 파악하라.

● 업무의 흐름을 원활하게 유지하며 자신이 속한 환경을 자랑스럽게 생각하라.

● 비즈니스 분야의 강점과 약점, 특히 각 부문의 장단점을 파악하라. 객관적인 평가를 위해 외부의 전문 컨설턴트를 활용하라.

● 직원들이 각자의 재능과 능력에 맞는 역할을 담당할 수 있도록 하라. 이를 위해 그들의 업무 처리 방식을 관찰하고 교육과 훈련의 기회를 제공하라.

● 고객을 파악하고 당신의 비즈니스에 대한 그들의 숨김없는 생각을 파악하라. 경쟁에서 한발 앞서고 싶다면 고객과 지속적으로 대화하라.

● 실수를 규명하고 인정하라. 올바르게 시정하고 내부의 대화 채널을 통해 이를 직원들에게 충분히 인식시켜라. 개방, 정직 그리고 융화적 분위기를 조성하라.

● 늘 예상치 못한 상황에 대비하고 잘못될 수 있거나 혹은 그럴 가능성이 있는 일을 염두에 두어라. 차선책을 마련하고 실행 계획을 수립하라.

● 참신한 사고를 수용하라. 당신의 편견을 고집하지 마라. 시간과 비용의 낭비를 가져올 수 있다.

● 업무 진행 과정과 상황을 체계적으로 정리하라. 핵심 담당자가 갑자기 떠날 경우 업무가 중단되는 일이 발생하지 않도록 하라.

- 가능한 모든 자원, 특히 정부가 제공하는 자원을 최대한 이용하라.

- 모든 사람이 이해할 수 있도록 회사의 조직 체계를 분명하게 확립하고 당신의 시간을 효과적이고 효율적으로 관리하라.

- 고객으로부터 에너지를 얻어라. 핵심 고객이 당신과 비즈니스 관계를 유지하는 이유를 파악하라.

- 양질의 경쟁력 있는 정보를 데이터베이스화하라.

- 사업 계획서를 마련하고 적어도 매년 한 차례 점검하라. 계획과 비교하여 결과를 체크하라.

- 인생은 놀라움의 연속이다. 사업에 중대한 영향을 미칠 수 있는 상황, 특히 눈에 보이지 않는 건강 문제에 대비하라.

- 인터넷을 이용하라. 하지만 인터넷에 들어가기 전에 먼저 소요 시간과 얻고자 하는 것이 무엇인지 생각하라. 인터넷을 통하여 자원과 인력을 최대한 활용하되, e-비즈니스를 함에 있어 직접적인 인적 접촉을 간과해서는 안 된다.

- 비즈니스 골프를 통해 서로에 대한 호감, 공적인 관계 형성 그리고 고객을 파악하는 안목을 가질 수 있게 된다. 이것은 당신이 미래의 비즈니스를 위해 준비된 사람이라는 것을 고객이 알게 되기 때문이다.

이 모든 것의 최종 목표는 비즈니스 본연의 임무에 충실하고, 일의 우선 순위를 확립하며, 골프와 같은 활동을 재미있게 즐김으로써 비즈니스의 기회를 극대화하도록 돕는데 있다.

 용어 해설

● 골프십(Golfship) - 비즈니스 때문이든 혹은 즐기기 위한 게임이든 상관없이 함께 플레이하는 사람과 친밀한 관계를 형성하는 것.

● 골프 카(Golf Car) - 골퍼와 골프장비를 운반하는데 이용되는 차. 골프 카트(Golf Cart)라고 부르기도 한다.

● 그린(Green) - 퍼팅을 할 수 있도록 조성된 지역. 전체적으로 코스와 연결되어 이용된다.

● 러프(Rough) - 그린 및 해저드를 제외한 코스내의 페어웨이 이외의 부분.

● 버디(Birdie) - 한 홀의 규정 타수보다 하나 적은 타

수로 홀인 하는 것.

- 벙커(Bunker) - 웅덩이를 파서 모래 또는 흙을 깔아 놓은 장애물로 일반적으로 샌드 트랩 이라고 부른다. 이외에 그린 주변이 모래가 아닌 잡초로 둘러싸인 경우도 있는데, 이것은 그라스 벙커(Grass Bunker)라고 한다.

- 보기(Bogey) - 규정 타수보다 하나 더 친 타수로 홀인 하는 것. 규정 타수 파4에서 타수가 5가 되면 1오버파 혹은 보기가 된다.

- 스트로크 플레이(Stroke Play) - 정해진 홀수를 플레이해서 각 홀의 타수를 총집계하여 그 수가 가장 적은 사람이 승자가 되는 게임.
- 파(Par) - 티를 출발하여 홀을 마치기까지의 정해진 기준 타수. 보통 3,4,5타를 기준타수로 정하고 있다.

● 페어웨이(Fairway) - 모든 홀의 가운데 지점을 말하며, 티와 그린 사이에 있다. 잔디의 길이가 퍼팅 그린보다 약간 길고 러프보다는 약간 짧게 손질되어 있다.

스트로크 플레이를 위한 주요 골프 룰

다음은 비즈니스 골프의 성공을 위해 반드시 알고 있어야 할 일반적인 골프 룰이다 :

● 퍼팅 그린에서 고객이 나에게 공에 마크를 하고 퍼팅에 방해되지 않는 지점으로 공을 옮겨 달라는 요청을 했다. 내 차례가 되어 공에 마크를 하고 플레이를 했다. 두 홀이 지난 다음에야 내가 원지점에서 플레이하지 않았다는 사실이 생각났다.
규칙 : 두 타의 벌점이 부가된다.

● 볼이 연못에 빠졌다. 이 지점은 다른 공으로 드롭할 수 있는 지점이다. 당신은 똑바로 서서 공을 들고 어깨 높이에서 팔을 곧게 펴서 드롭한다. 공이 당신이나 캐디 혹은 다른 플레이어에게 접촉되면 다시 드롭해야 한다. 공이 처음 떨어진 지점에서 클럽의 길이

두 배 이상 굴러갔을 때, 몇 차례 다시 드롭할 수 있으며 벌점이 부과될까?

규칙: 한 번 더 다시 드롭할 수 있다. 두 번째 드롭에서도 공이 허용 범위를 벗어나면 다시 드롭한 지점과 가장 가까운 지점에서 플레이한다. 벌점은 부과되지 않는다.

● 티샷이 날아가더니 숲으로 떨어져 아웃 오브 바운드가 될 염려가 있다. 당신은 만일에 대비하여 다른 공 다시 말해서 잠정구를 플레이한다. 어느 지점에서 잠정구를 플레이해야 할까?

규칙: 먼저 잠정구를 플레이하겠다는 의사를 통고한 다음, 티 박스에서 다시 플레이한다. 원래의 공을 찾지 못한 경우 잠정구가 인플레이 볼이 된다.

● 공이 그린 앞쪽 샌드 벙커로 들어갔다. 당신은 어드레스하면서 모래를 건드리지 않기 위해 조심한다. 하지만 백스윙을 하면서 그만 모래를 약간 건드리고 말

왔다. 이에 대해 벌점이 부과될까?

규칙: 비록 의도적으로 이렇게 한 것은 아니더라도 2타가 부과된다.

● 티샷이 길게 날아가더니 페어웨이 바깥으로 떨어졌다. 페어웨이 양쪽은 숲이다. 깊은 러프에 들어간 공을 찾을 수가 없다. 어느 정도 시간 내에 공을 찾아서 다시 플레이해야 할까?

규칙: 공을 분실했다는 통고를 한 후 분실구를 찾는데 허용된 시간은 5분이다.

● 고객이 샌드 트랩에서 떠올린 공이 퍼팅 그린에서 5피트 정도 떨어진 그린 가장자리에 떨어졌다. 이때 공과 퍼팅 그린 사이의 흙을 고르는 행동을 해도 무방한가? 만약 안 된다면, 이 경우 벌점이 부과되는가?

규칙: 퍼팅 그린이 아닌 지점에서 흙을 고르는 등의 행동에는 두 타의 벌점이 주어진다. 흙을 고른다는 것은 나뭇가지, 나뭇잎, 잡풀, 돌 등 기타 장애물을 치우는 것을 뜻한다.

● 당신의 칩샷이 깃대에서 약 35피트 정도 못 미치는 지점으로 굴러갔다. 당신은 고객에게 그린에서 퍼팅을 하는 동안 핀을 잡고 있어 달라는 부탁을 한다. 스트로크한 공이 홀컵 쪽으로 굴러 가는데 예감이 좋다. 고객이 핀을 움직이지 않고 잡고 있는 동안 공이 핀을 건드리고 지나간다면 당신의 스코어에 벌점이 부과될까?

규칙 : 2타의 페널티가 부과된다.

● 고객이 스트로크한 공이 컵 바로 가장자리에 걸리고 말았다. 다시 스트로크하기까지 어느 정도의 시간이 허용될까?

규칙 : 골퍼가 공을 향해 다가가는데 걸리는 적당한 시간 외에 10초의 시간이 더 주어진다. 그 후에도 공이 컵 속으로 들어가지 않고 있다면 한 타를 더 스트로크해야 한다.

● 마지막 한 홀을 남겨 두고 있을 때, 공을 모두 사용한 고객이 당신에게 공을 하나 빌려 달라고 요청한다.

당신은 기꺼이 공을 하나 건네준다. 이것이 공식적인 토너먼트라면 어느 플레이어에게든 공을 빌려 달라는 부탁을 해도 무방했을까?

규칙: 경기의 진행을 지연시키지 않는 한 괜찮다.